重庆工商大学财经文库
CHONGQING GONGSHANG DAXUE CAIJING WENKU
西南财经大学出版社重庆工商大学分社　策划

基于重庆实证的新农村建设中土地流转机制研究

JIYU CHONGQING SHIZHENG DE
XIN NONGCUN JIANSHE ZHONG TUDI LIUZHUAN
JIZHI YANJIU

骆东奇 石永明　著

图书在版编目(CIP)数据

基于重庆实证的新农村建设中土地流转机制研究/骆东奇,石永明著. —成都:西南财经大学出版社,2012.5
ISBN 978-7-5504-0629-2

Ⅰ.①基… Ⅱ.①骆…②石… Ⅲ.①农村—土地流转—研究—重庆市 Ⅳ.①F321.1

中国版本图书馆 CIP 数据核字(2012)第 083010 号

基于重庆实证的新农村建设中土地流转机制研究

骆东奇 石永明 著

责任编辑:杨 琳
助理编辑:王旭中
装帧设计:杨红鹰
责任印制:封俊川

出版发行	西南财经大学出版社(四川省成都市光华村街 55 号)
网 址	http://www.bookcj.com
电子邮件	bookcj@foxmail.com
邮政编码	610074
电 话	028-87353785 87352368
照 排	四川胜翔数码印务设计有限公司
印 刷	郫县犀浦印刷厂
成品尺寸	148mm×210mm
印 张	6.25
字 数	160 千字
版 次	2012 年 5 月第 1 版
印 次	2012 年 5 月第 1 次印刷
书 号	ISBN 978-7-5504-0629-2
定 价	22.00 元

总序

在过去的半个多世纪以来，伴随祖国的发展和重庆地方经济的不断增长，不管是响应20世纪60年代国家提出的“调整、巩固、充实、提高”倡导教学与生产劳动相结合，还是直接参与20世纪80年代地方财贸系统恢复建设的过程，直至21世纪，重庆工商大学审时度势，进一步明确办学目标定位，凝练鲜明的财经特色和与时俱进的商科优势。重庆工商大学学人从来没有停滞过对科学真理的探索和对自身使命的躬身实践。学校一批又一批的青年学者，他们具有国际化视野，醉心于财经科学研究，重视借鉴东西方前沿的学术理论与丰富的文化内涵；他们关注国计民生，身体力行，襟怀巴渝，以科学、真知的学人风范，亲身参与地方经济社会建设，让理论之花在实践中绽放，广大教师在教学耕耘与学术研究中收获了累累硕果。科学研究——这一党和人民赋予高等院校的使命和事业，在重庆工商大学得到了蓬勃发展。这其中，凝聚着几代学人的智慧，闪耀着创新的光芒！

理论从来就是为适应社会经济进步的需要而产生的，而最终又要服务于客观实践。结合近年来我校在财经学科学术理论的探索，我们遴选了一批我校中青年学者两年来在财经研究领域的部分优秀成果，以自由申报、匿名评审、多方资助、统一出版的方式，与西南财经大学出版社合作统一出版一批经济学、管理学专著，形成“重庆工商大学财经文库”。

首批汇集到“文库”的专著共12部，这批著作具有以下突出的特点：

一是力推新人。入选“文库”成果的作者，均系我校近年引进或培养的中青年博士。他们毕业于不同的重点大学，绝大多数有名师、严师学缘，对学术前沿动态有敏锐的把握；他们工作在我校教学科研第一线，对社会现实有深刻认识，具有较高的理论素养和较强的科研能力。诚然，现在他们并非学界泰斗、名师名家，但他们具有强烈的创新精神、开拓意识和发展潜力，可以预见，他们必将是学校未来学术、学科发展的新鲜血液和中流砥柱。“文库”首批推出他们的成果，旨在推新人于“前台”，接受学界检阅，激励、鞭策、促进他们尽快成长为学校科研教学中坚力量。

二是矢志创新。“文库”的这些成果均能够自觉运用马克思主义的立场、观点、方法认识问题、研究问题、解决问题，很好地坚持了理论联系实际，体现了学风严谨、文风朴实，做到了理论探索有进展，研究方法有创新，学术观点有新意，对策建议有建树。

三是注重导向。“文库”的成果无不涉及理论经济、应用经济、工商管理、管理科学与工程、公共管理等我校特色优势学科领域，既是对学校打造鲜明财经特色属性的力证，更为学校学科发展、科学研究、人才培养、社会服务提供了重要支撑。

学校高度重视“文库”的编纂、辑录，为“文库”出版投入了较多的人力、物力。我们始终认为：作为一所具有鲜明财经特色的多学科性大学，我们要培养出高质量的包括财经学科在内的专门人才，科研无疑是教学的先导、教育的基础。没有高质量的学术研究，以己昏昏，使人昭昭，很难想象有深入浅出、鞭辟入里的课堂教学；没有教师对财经实践的敏感触觉和对社会经济问题的深刻领悟，很难想象有生动活泼、贴近实际的课堂艺术。唯有在科研方面的进步和成就，才能保证造就一支具有坚实理论基础、深厚学术底蕴，并富有远见卓识和深刻洞察力的师资队伍，从而推动具有鲜明财经特色的多学科、全方位、多层次的发展。是故，学校多方筹资，购置图书、激励科研、补贴出版；众多学者皓首穷经、笔耕不辍；兄弟高校、出版界同仁大力襄助，终有今日“重庆工商大学财经文库”付梓。

综上，“文库”的出版，寄托了对我校中青年学术才俊的一份清新期许，与其说是一种对他们单纯的奖掖、褒赞，毋宁说是在搭建一个文汇达观、聚贤纳才的平台。我们诚挚地渴盼有更多青年学者，能够砥砺自修，卓尔有成，产出更多更好的成果；也恳请更多的学界名流、前辈泰斗，关心、点拨中青年学者的学术成长，让他们尽快健康、科学地投身学科、学术拔尖团队的自我培养和群体塑造，早日成长为我校科研、教学的领军人才，担当重任。

相信“文库”出版以后，对我校的学科建设、科学研究、人才培养、社会服务必将产生积极的促进作用，也为学界了解我校中青年学者的科研状况提供一个重要的窗口，祝愿师生们和广大读者能从“文库”中受益。当然，因本套成果编校时间短以及我们的研究水平有限，其中难免存在差漏和不足之处，敬请读者谅解并批评指正。

我们衷心地希望我校广大中青年学者潜心研究，把握学术前沿，深入社会实际，产出更多优秀的科研成果；期待我校教师和科研人员有更多更好的学术专著问世！

杨继瑞 谨识

2012 年春　于重庆南山书院

前言

一、研究背景

统筹城乡发展是解决现阶段城乡发展不平衡、解决“三农”问题的重要途径，是当前我国面临的热点问题和研究任务。2004—2010年连续七年发布解决“三农”问题为主题的中央一号文件，体现了我国政府建设社会主义新农村的决心和力度。中国共产党十六届五中全会提出要按照“生产发展、生活宽裕、乡风文明、村容整洁、管理民主”的要求，扎实推进社会主义新农村建设。社会主义新农村建设是我国巩固农业的基础地位、促进农村社会经济可持续发展的重要举措，也是推动农村实现全面小康、促进统筹城乡发展的重要途径。《中共中央关于制定国民经济和社会发展第十一个五年规划的建议》（以下简称《建议》）明确了今后五年我国经济社会发展的奋斗目标和行动纲领，提出了建设社会主义新农村的重大历史任务，为做好当前和今后一个时期的“三农”工作指明了方向。《建议》还提出要“提高农民整体素质，大规模开展农村劳动力技能培训，造就和培养懂技术、有文化、会经营的农民。通过提高农村劳动力转移培训补助标准，来提高农民转产转岗就业的能力”。党的十七届三中全会一致通过《中共中央关于推进农村改革发展若干重大问题的决定》（以下简称

《决定》)，进一步明确了新形势下推进农村改革发展的指导思想、目标任务、重大原则和战略举措，为社会主义新农村建设提供了政策支持和物质基础。《决定》提出“加强土地承包经营权流转管理和服务，建立健全土地承包经营权流转市场，按照依法自愿有偿原则，允许农民以转包、出租、互换、转让、股份合作等形式流转土地承包经营权，发展多种形式的适度规模经营。有条件的地方可以发展专业大户、家庭农场、农民专业合作社等规模经营主体。土地承包经营权流转，不得改变土地集体所有性质，不得改变土地用途，不得损害农民土地承包权益。实行最严格的节约用地制度，从严控制城乡建设用地总规模。完善农村宅基地制度，严格宅基地管理，依法保障农户宅基地用益物权。农村宅基地和村庄整理所节约的土地，首先要复垦为耕地，调剂为建设用地的必须符合土地利用规划，纳入年度建设用地计划，并优先满足集体建设用地。改革征地制度，严格界定公益性和经营性建设用地，逐步缩小征地范围，完善征地补偿机制”。《重庆市人民政府办公厅关于加快农村土地流转促进规模经营发展的意见》进一步规范了土地流转行为，为重庆市统筹城乡发展、建设新农村提供了政策支持。可见，社会主义新农村发展需要发挥亿万农民建设新农村的主体作用，需要通过探索有效实现集体经济，整合专业农民合作组织，来达到扶持龙头企业发展以及农业产业化经营的目的。而土地流转从根本上盘活了土地存量，集约节约利用土地，加快了农业产业化和规模化，提高了广大农民的收入，为新农村建设奠定了经济基础。本书就是基于新农村建设这一大背景分析土地流转，从而为新农村建设的发展提供理论指导。

二、研究意义

(一) 理论意义

围绕新农村建设与土地流转这一课题，无论是在理论探索还是在实证分析乃至具体的政策措施研究方面，都已经成了国内外众多学者的研究焦点，在一定程度上已经形成了科学体系，为政策制定提供了一些理论指导。本课题重点集中于新农村建设、城乡统筹与土地流转的关系，充实了农村土地流转的模式类型，揭示了农用地流转与农村建设用地的内在联系，从而从更微观的角度丰富了新农村建设理论并深化了土地流转理论。

(二) 社会意义

本课题的研究主要应用于农村经济的发展，对于完善农村土地制度、调整农业产业结构、促进农民增收、建设社会主义新农村、推进农业现代化和规模化有着积极的指导意义，既可盘活农村土地，提供切实可行的流转模式，又可为重庆市市政府提供理论政策建议，为重庆市城乡统筹建设出谋划策，产生较好的经济效益和社会效益。

三、文献综述

(一) 新农村建设研究状况

1. 国外研究

美国、欧盟各国、韩国、日本等国在现代化建设过程中，及时调整城乡关系，大力促进新农村建设。美国在发展现代化农业过程中，先后通过自由放任阶段（南北战争至第二次世界大战前），机械化发展阶段（20 世纪前半期），规模化、城乡一体化发展阶段（20 世纪后半期）来促进美国农村建设，取得了较好的效果。进入 21 世纪，美国农业政策的战略目标选择主要包括四个方面，即粮食及农产品供应、农业支持与保护、资源与环境保护、农村社会发展（T. W. Schultz，1990）。战略目标的核心是农业支持与保护，即通过政府补贴、贷款扶持、市场扩张、调节供应、支持生产与科技推广等政策措施，对农产品价格和农民收入实施保护。欧盟各国的农村建设主要经历了农业结构调整促农村发展、从以农业生产为中心向关注农村发展过渡、农村与农业共同发展、整合协调发展四个阶段，试图利用一个专门基金、一个专门模式、一个专门网络，把整个欧盟的农村发展控制在“欧盟农村共同政策”的框架内，从而实现农村的协调发展。韩国 1970 年开始推行“新村运动”，其运作机制为：将“新村运动”上升到以工补农、城市反哺农村的国家工业化战略高度，进行系统、全面的建设规划，采取一以贯之地围绕总体设计分阶段、分步骤的方式推进，由自上而下的领导机构和组织机构统一推动和实施。日本的农村建设早于韩国。通过建立健全支持农村发展的制度、灵活应用财政金融手段、加大农业投入、营造具有田园风光的农村活性化事业等措施来建设农村，使日本农业达到四高：农民收入水平高、农村城市化水平高、农民经营素质高、农产品质量水平高。综上所述，国外的农村建设主要是从产业、城镇化、管理等方面入手，推进城乡一体化。

2. 国内研究

自中国共产党十六届五中全会提出要按照“生产发展、生活宽裕、乡风文明、村容整洁、管理民主”的要求，扎实推进社会主义新农村建设以来，目前围绕农村小康建设目标，全国各地已经先行开展了形式多样、内容相似、名称各异的新农村建设试点。部分地区在新农村建设的理念上、做法上大胆创新，进行了卓有成效的探索，并取得了初步成功。主要模式有江西赣州“五新一好”行动、成都城乡一体化模式、华西村模式（姚洪斌，2009)、土地开发整理模式、土地综合整治模式等，其核心主要是打破制约农村经济和社会发展的二元结构，促进城乡一体化。为此，要从城乡协调、管理一体化等方面着手，实行城乡统筹、一体化发展。

（二）土地流转研究状况

1. 农用地流转

国内学者对中国农地流转的研究涉及各个方面，包括概念、意义、条件和机理、现状与问题、模式选择、利益分配、制度创新、法律规范等。我国市场经济的发展及其推动下的土地使用制度改革，使土地流转成为近年来我国土地经济学和土地法学界的热门研究课题之一。一些学者认为土地流转既包括土地权利的流转，又包括土地功能的流转（主要是指土地用途的改变)，但在法律上是指土地权利的流转，包括所有权和使用权的流转。如孙佑海（2001）对土地流转的内涵和结构功能类型的划分和整理。田野（2004，2007）对农村土地流转现状、问题进行了系统的分析，并提出了相应的对策建议。张照新（2002）通过对六省农村土地流转市场的调查分析，得出受非农就业机会的限制，农村土地流传市场供给低于需求，尚处于初级阶段，发育缓慢，具有显著的区域差异性，产权和制度因素是制约中国农地流转市场发展的主要因素，规范的合同签订与承包经营权证书的发放能够促进农地流转市场的发展。何静（2001）认为必须赋予农地使用权流转一定的法律保障：在法律法规中界定“农村土地使用权”的具体权利，强化使用权的继承权，明确使用权有偿转让的合法性，规定各种流转形式的流转期限，此外还分析了农村土地流转的显著影响因素。陈曜（2004）等分析了中国农村土地流转缓慢的原因，蒋满元（2007）分析了农村土地流转的障碍因素并对解决途径进行了探究。黄贤金、方鹏（2003）从内在形成机理（农业产业结构调整、农业劳动力转移、农地社会经济功能转变）和外在作用机理（农地非农化市场制度的供求失衡、要素价格作用机制）两个方面分析了我国农村土地流转的形成机理，通过对农地流转主体（政府、农户、企业）的分析，认为必须规范我国农村土地流转市场的制度约束，即明晰土地权利、完善政策体系、发展中介市场、强化科学管理、规范流转程序、健全补偿机制。

由于土地制度的差异，国外研究较多的是土地产权理论（贾雪池，2008）。马克思、恩格斯是较早对农地流转进行系统、深入研究的经济学家，他们的经济流转学说、企业学说、产权和地租理论对农地流转、农地使用制度改革都有重要的指导作用。在他们前后的威廉·配第、安·罗·雅·杜尔阁、亚当·斯密、李嘉图、杜能的土地地租等理论在农地流转制度方面也有重大价值。到了现代，随着市场经济的发展和经济理论研究的现代化，许多重要的经济学家如保罗·萨缪尔森、威廉·诺得豪斯、曼昆等是把土地和资本放在一起进行研究的（保罗·萨缪尔森、威廉·诺得豪斯，2006）。此外，新制度经济学的交易费用理论、企业和企业契约理论、信息理论等，对土地流转的理论研究和制度建设也有很大意义（吴建、曹家和，2003）。如 Claudio Frischtak 认为应建立土地信息系统，提供土地价格、附加投资以及地租等信息，Jean Olson Lanjouw（1999）利用一般土地租借均衡模型来说明农村土地市场和信息是否有效，Douglas C. Macmillan（2000）从经济学的角度分析土地市场，认为土地可以在公开市场进行自由交易，但是在交易过程中会发生市场失效，造成土地利用的动荡，因此财政部门应支持政府干预市场以弥补市场缺陷。

2. 农村集体建设用地流转

在国外土地经济学和土地法学的研究中，很少使用土地流转这个词汇。这与他们很早就实行市场经济体制有关。在市场经济条件下，只要产权关系清晰，就可以对土地进行自由买卖、租赁、抵押等。因此，在土地流转领域，研究较多的是土地的买卖、租赁、抵押等。英国重商主义学派经济学家威廉·配第的地租理论、李嘉图创立的差额地租学说、德国农业经济学家杜能创立的区位农产品价格变异和地租学说等理论，在土地流转方面有重大价值。较早对土地流转进行系统、深入研究的经济学家有马克思和恩格斯。

马克思认为，经济流转是市场经济的必然结果，所流转的是经济价值。生产资料的分配和生活资料的分配，是经济流转中最主要和最重要的领域。土地本身虽然不能移动，但土地的权利可以转移。因此，土地权利流转是整个经济流转中极为重要的组成部分。土地产权本质上是一种法权关系，而土地所有权在经济上的实现形式就是地租，从而建立了马克思的地租理论（伯纳德·施瓦茨，1989）。马克思的这些企业、产权和地租理论至今仍放射着灿烂的光辉，对我国的土地流转、土地使用制度改革发挥着极为重要的指导作用。

我国对农村集体建设用地流转的研究主要集中于农村宅基地流转的理论研究，始于20世纪90年代中后期，研究的重心主要体现在对两个问题的回答上：一是农村宅基地是否应该进入市场，即宅基地使用权入市是否具有合理性和必然性；二是农村宅基地应该怎样进入市场，即宅基地使用权有序流转的制度设计问题。综合国内学术界的研究情况及各地实践，在对第一个问题的回答上，主要有两种相互对立的观点：一种观点认为，农村宅基地不得流转或要严格限制流转条件。其主要理由：一是允许宅基地使用权市场化流转可能会引起一系列不容忽视的严峻问题，禁止宅基地使用权自由流转是为了使农民“居者有其屋”(田炜，2004；李长键、王悦，2006)。二是为了保证农民不会成为进入城市的无业游民，造成两极分化，影响社会稳定（魏金玉、高峰，2003)。三是宅基地使用权建立在农村集体土地所有权之上，个人无权把宅基地使用权转出集体之外。四是允许宅基地使用权自由流转，可能会诱使农民集体或个人将大量的耕地转为非农建设用地，从而对耕地保护带来影响（朱岩，2006)。五是城镇居民在农村购买宅基地一般不是满足基本居住要求，将导致农村土地的浪费，而且城市居民“入侵”农村会造成“乡土社会”的解体，导致中国社会基础失衡（王克强、顾海英，2003)。而另一种观点则认为，应允许宅基地使用权自由流转或放宽对宅基地使用权流转的限制。其主要理由：一是平等为民法的基本原则，对物权同样应当实行“同地同权”，不能人为造成同样用于居住目的的城镇建设用地使用权和宅基地使用权的不平等，此种不平等实质上是在剥夺农民的财产（程国栋，2003)。二是消除城乡二元结构是一个长期的任务，允许宅基地使用权流转有利于农村劳动力进入城市和城市人口反向流到农村，有利于城乡协调发展(熊振均，2007)。三是禁止宅基地使用权流转是建立在人口不流动的自然经济假设基础上，带有浓厚的计划经济色彩，会阻碍市场经济体制的最终确立。四是农民发展生产需要资金，唯一可以取得融资的只有房屋和宅基地，如果再对这唯一可资利用的财产进行限定，就会阻塞农民融通资金的基本渠道。

四、研究内容

结合“城乡统筹”、“新农村建设”这一历史任务，在研究新农村建设的基础上，本书选取重庆市为研究区域，从现状入手分析农村土地流转带来的经济效益，进而提出农村土地流转的创新模式，并协调与新农村建设的关系，旨在完善农村土地流转理论，为加快土地流转提供参考性建议。其主要内容有：

(1) 新农村建设的理论研究：主要是在发展新农村、解决“三农”问题这一大背景下，运用城乡一体化理论、城市化理论等分析我国新农村建设的现状。

(2) 农村土地流转的背景理论：从我国当前的政策制度入手分析我国农村土地流转的现状、存在的问题及影响农村土地流转的各种因素。

(3) 重庆市新农村建设与土地流转研究：在分析新农村理论与土地流转理论的基础上，着重分析重庆市新农村建设和土地流转情况。

(4) 重庆市农村土地流转模式研究：针对重庆市的土地流转情况，结合全国各地的土地流转模式，并与城乡统筹相结合，提出具有重庆特色的流转模式，

(5) 重庆市土地流转与新农村建设用地协调研究：主要是从农地流转与新农村建设、宅基地流转与新农村建设两方面入手分析两者之间的关系，突出农村土地流转对新农村建设的促进作用。

(6) 重庆市农村土地流转的长效机制研究：从生产发展、环境改善以及农村劳动力转移方面分析与土地流转的关系。

五、研究方法

1. 定性分析与定量分析相结合的方法

任何一个流转问题都有质和量两个方面，土地流转问题也不例外。如研究某一个方面的土地流转问题，必须要对土地流

转所涉及的经济和社会关系的基本性质与特点作出基本判断，与此同时，也要对其量的表现和变化规律进行具体分析，并把两者密切结合起来，进而找出解决问题的正确途径。

2. 理论与实践相结合的方法

在工作实践中发现土地流转方面存在的诸多问题，然后找出解决这些问题的方法和措施。同时，在加强调查研究的同时，广泛学习中外有关学者的著述，奠定了比较厚实的理论基础。实践证明，仅仅有实践经验不行，仅仅有书本知识也不够全面，只有把理论和实践有机地结合起来，才能使科学研究取得成效。

3. 系统分析方法

在研究土地流转问题时，不能孤立地进行，必须将各类土地流转综合起来进行研究，将其纳入整个土地制度乃至经济体制改革的全局去研究，从中找出各种流转之间，以及土地流转与整个土地制度、与我国的经济管理体制、政治制度之间的内在联系，探索其规律性及其运行机制。

4. 抽象思维法

在深入实际和大量阅读资料的基础上，对大量的事实材料进行分析加工，去伪存真，去粗取精，从中找出现实土地流转问题发展变化的规律性以及解决问题的具体对策。

5. 对比分析法

由于全国各地土地流转模式不同，因此在研究重庆市土地流转机制的过程中注重与其他区域的对比，并因地制宜地提出与重庆市实际相符合的土地流转模式，为重庆市统筹城乡发展、新农村建设提供参考。

目录
Contents

第一章

新农村建设理论研究

一、新农村建设的理论分析

（一）新农村建设的历史背景

目前我国城乡差别较大，城乡二元结构制约着全面建设小康社会目标的实现，“三农”问题非常突出。在我国经济和社会发展过程中，农业支持工业、为工业提供积累的历史任务基本完成，中国已经进入“工业反哺农业、城市支持农村”的发展新阶段，为建设新农村、解决“三农”问题提供了物质基础。2005 年党的十六届五中全会提出：“建设社会主义新农村是我国现代化进程中的重大历史任务，要按照生产发展、生活宽裕、乡风文明、村容整洁、管理民主的要求，扎实稳步地加以推进。要统筹城乡经济社会发展，推进现代农业建设，全面深化农村改革，大力发展农村公共事业，千方百计增加农民收入。”这一举措，为我国建设社会主义新农村提供了新的发展机遇，也是我国统筹城乡发展、建设小康社会、实现农业现代化的必然要求（冯刚，2008）。

1. 社会主义新农村建设是全面建设小康社会的重大历史

任务

当前，我国已经进入全面建设小康社会的关键时期。全面建设小康社会，重点和难点在农村。建设社会主义新农村，是全面建设小康社会的战略举措和根本途径，有利于贯彻以人为本的科学发展观，改善农村生产生活条件，提高占人口绝大多数的农民的生活质量，创造人与自然和谐发展的环境；有利于统筹城乡发展，落实“工业反哺农业，城市支持农村”方针，实现社会公平、共同富裕，促进城乡协调发展；有利于解决农村长期积累的突出矛盾和问题，打破城乡二元结构，为加快现代农业建设，促进农业增效、农民增收、农村稳定提供理论基础，从而推动农村经济社会全面进步；有利于全面推进农村物质文明、精神文明和政治文明建设，保持经济社会平衡发展，促进农村全面繁荣。

2. 社会主义新农村建设是从根本上破解“三农”问题的战略决策

当前，我国“三农”工作还存在着一些突出的矛盾和问题，表现为：一是农民实际收入水平低，增收滞缓的问题没有从根本上解决，粮食增产、价格上涨和政策补贴空间有限，持续增收难度较大（赵美红，2010）；二是农村社会保障水平较低，社会保障体系建设还处于初级阶段，难以满足农民日益增长的公共服务需求；三是公共财政面向农村投入不足，农田基础设施和农村公益设施建设滞后；四是农村资源环境持续恶化，村镇建设缺乏整体规划，脏乱差现象比较严重；五是农民素质总体上不高，小农意识较强，自我发展能力脆弱。因此，必须大力推进社会主义新农村建设，凝聚全社会力量，统筹城乡资源，缩小城乡、工农、区域间差别，促进农村经济、政治、文化和社会各项事业全面发展。同时，应增强责任感、紧迫感，把社会主义新农村建设摆上突出位置，开创社会主义新农村建设新局面。

3. 社会主义新农村建设具有良好的发展环境和基础

改革开放30多年来，我国经济社会发展取得了巨大成就，城镇化水平具有较好基础，公共财政实力明显增强，基本具备了工业反哺农业、城市支持农村的条件和能力，为全面推进社会主义新农村建设奠定了较好的基础。2004—2010年连续七年发布了以解决“三农”问题为主题的中央一号文件，实施了一系列惠农政策，为社会主义新农村建设提供了政策支持。

（二）新农村建设的主要内容

1. 推进城乡统筹

新农村建设就是要推进城乡统筹。建设社会主义新农村是我国现代化进程中的重大历史任务：要按照“生产发展、生活宽裕、乡风文明、村容整洁、管理民主”方针的要求，坚持从实际出发，尊重农民意愿，扎实稳步推进新农村建设；坚持“多予少取放活”，加大各级政府对农业和农村增加投入的力度，扩大公共财政覆盖农村的范围，强化政府对农村的公共服务，建立以工促农、以城带乡的长效机制；同时，节约集约农村土地，搞好乡村建设规划，培育有文化、懂技术、会经营的新型农民，提高农民整体素质，在国家政策扶持下改善农村的生产生活条件和整体面貌（于一凡，2008）。

2. 推进现代农业建设

新农村建设就是要推进现代农业建设：加快农业科技进步，提高农业机械化水平，加强农业基础设施建设，调整农业生产结构，转变农业增长方式，健全农业技术推广、农产品市场、农产品质量安全和动植物病虫害防控体系；实施优质粮食产业工程，建设大型商品粮生产基地，确保国家粮食安全；优化农业生产布局，推进农业产业化经营，促进农产品加工转化增值，发展高产、优质、高效、生态、安全农业（王献溥，2008）；大力发展畜牧业，保护天然草场，建设饲草基地；积极发展水产业，保护和合理利用渔业资源；加强农田水利建设，改造中低产田，搞好土地整理，促进农业可持续发展。

3. 深化农村改革

新农村建设不仅是产业发展，还要全面深化农村改革：继续稳定并完善以家庭承包经营为基础、统分结合的双层经营体制，采取因地制宜、自愿、有偿的原则依法流转土地承包经营权，发展多种形式的适度规模经营；坚持最严格的耕地保护制度，加快征地制度改革，健全对被征地农民的合理补偿机制；深化农村流通体制改革，积极开拓农村市场；巩固农村税费改革成果，全面推进农村综合改革，基本完成乡镇机构、农村义务教育和县乡财政管理体制等改革任务；深化农村金融体制改革，规范发展适合农村特点的金融组织，探索和发展农业保险，改善农村金融服务；逐步建立城乡统一的劳动力市场和公平竞争的就业制度，依法保障进城务工人员的权益；增强村级集体经济组织的服务功能；鼓励和引导农民发展各类专业合作经济组织，提高农业的组织化程度；加强农村党组织和基层政权建设，健全村党组织领导的充满活力的村民自治机制。

4. 发展农村公共事业

新农村建设就是要大力发展农村公共事业：加快发展农村文化教育事业，重点普及和巩固农村九年义务教育，对农村学生免收杂费，对贫困家庭学生提供免费课本和寄宿生活费补助；加强农村公共卫生和基本医疗服务体系建设，基本建立新型农村合作医疗制度，加强人畜共患疾病的防治；实施农村计划生育家庭奖励扶助制度和“少生快富”扶贫工程；加大农村基础设施建设投入，加快乡村道路建设，发展农村通信，继续完善农村电网，逐步解决农村饮水困难和安全问题；大力普及农村沼气，积极发展适合农村特点的清洁能源。

5. 增加农民收入

新农村建设就是要千方百计增加农民收入：采取综合措施，广泛开辟农民增收渠道；充分挖掘农业内部增收潜力，扩大养殖、园艺等劳动密集型产品和绿色食品的生产，努力开拓农产品市场；大力发展县域经济，加强农村劳动力技能培训，引导富余劳动力向非农产业和城镇有序转移，带动乡镇企业和小城镇发展；继续完善现有农业补贴政策，保持农产品价格的合理水平，逐步建立符合国情的农业支持保护制度；加大扶贫开发力度，提高贫困地区人口素质，改善基本生产生活条件，开辟增收途径；因地制宜地实行整村推进的扶贫开发方式，对缺乏生存条件地区的贫困人口实行易地扶贫，对丧失劳动能力的贫困人口建立救助制度。

总之，新农村建设就是要实现农村经济快速增长、农民生活水平稳步提高、农村社会事业和公用设施建设迈出较大步伐、村容村貌实现较大改观、农村科技教育达到新水平、农村文化建设得到加强、人口资源和环境协调发展、农村民主法制建设不断深入、农村精神文明建设成效明显、农村基层党组织建设得到明显加强。

（三）新农村建设的途径

1. 城镇化带动新农村建设

人地关系高度紧张是中国的基本国情，不可能奢望将农民留在农村来解决中国的“三农”问题，最终只有减少农民，才能使农民富裕。因此，解决“三农”问题的根本出路是继续实施和推进城市化战略，在城市化的进程中实现城乡统筹，实现人口、劳动力在城乡经济、社会结构上的转移和调整，实现城乡二元体制结构的改革。唯有如此，社会主义新农村建设才可能积累资金，国家向贫困地区转移支付才有财力支撑。从某种意义上说，社会主义新农村之所以“新”，就在于它已经超出农村这个界限，突破了城乡二元结构的框架，即新农村应当是城市化进程中的新农村，城市化应当是推动农村发展的城市化，建设社会主义新农村是国家城镇化战略的一个重要补充。

2. 集中财力加强农村的基础设施建设

目前我国农村基础设施存在的问题主要有：一是农村基础设施建设薄弱，难以从根本上改变靠天吃饭的困境；二是农村基础设施建设长期滞后，制约了农民生活质量的提高和农村消费市场的扩大；三是农村社会事业硬件设施严重不足，困扰着农村经济社会的协调发展。另外，我国农村现阶段还存在着公共事业落后和公共服务缺失等不利于新农村建设的因素。因此，加强农村基础设施建设、完善和建立农村公共服务体系，是新农村建设的必由之路。同时，农村基础设施是最关键、最重要的组成部分，其形成与管理直接关系到新农村建设的成效。

3. 制度改革实现农村建设目标

许多学者认为，我国新农村建设的障碍在于制度的缺失或不完善，特别是城乡分治的二元结构、土地制度产权不清晰、城乡分割的户籍制度以及收入分配格局等，这些问题使农民生产积极性不高，进而导致农民增收困难。因此，应深化农村各项政策制度改革，不断创新农村机制和体制，把农民的潜在活力激发出来，充分调动农民的积极性。一般认为，阻碍新农村建设的制度集中体现在城乡之间的矛盾上。解决这一矛盾的方法就是进行制度上的改革和体制上的创新。关于这方面的讨论大多数学者关注的主要是户籍改革、农村务工人员待遇、农村金融改革、土地制度和乡镇机构改革以及乡村治理模式改革等几个方面。

此外，简新华等认为建设社会主义新农村至少应该包括以下几个方面：一是必须建设和发展集体经济，否则社会主义新农村建设就缺乏必要的经济基础，并认为实行家庭承包经营责任制的农村经济还不是集体经济。二是内部的公司化管理和外部市场化运作是制度保证。实行公司化管理这种现代企业管理制度，使农民具有股东和职工的双重身份，既有利于调动农民的生产积极性，又有利于激励和监督新农村的经营管理者。三是农业产业化、农民非农化、农村城市化是根本途径。农业产业化就是用工业生产经营的方式从事农业生产经营，将农业再生产的各个环节联结为一个完整的产业系统。除此之外，还必须大力发展非农产业，转移农村剩余劳动力，减少农村人口数量，提高农业劳动生产率。

4. 提高农民素质是关键措施

社会主义新农村建设的目的就是造福农民，建设工作也必须依靠农民，而目前我国农民的身体素质、文化技术素质、思想道德素质总的来说不是很高，因此必须花大力气提高农民素质。

（四）新农村建设的目标

社会主义新农村建设的整体目标是“生产发展、生活宽裕、乡风文明、村容整洁、管理民主”，具体体现在农村生产力水平有较大的提高，农民生活水平有较大的改善，农村的基础设施切实得到加强，农村的教育卫生和社会事业切实得到发展，农村的基层民主政治建设得到长足的发展。社会主义新农村建设是经济、政治、文化、社会四位一体的综合概念，不但涵盖了以往国家在处理城乡关系、解决“三农”问题方面的政策内容，而且赋予了新的内涵：既包括了路、电、水、气等生活基础设施，又包括了以农田、水利、科技等农业基础设施为主的产业能力建设和教育、卫生、文化等社会事业建设；既包括了村容村貌环境整治，又包括了以村民自治为主要内容的制度创新。通过综合配套建设，最终建设成经济繁荣、设施完善、环境优美、文明和谐的社会主义新农村。

1. 培育新型农民，提高农民整体素质

农民是建设社会主义新农村的主体，农民素质的高低决定了农村社会发展的速度和质量。提高农民素质是农村全面建设小康社会的最本质、最核心的内容，也是解决“三农”问题最为迫切的要求和关键所在。因此，通过社会主义新农村建设，必须培养出千百万有文化、会经营、懂生活、求发展的新型农民。

2. 多予、放活，提高农民整体的富裕程度

建设社会主义新农村，必须满足农民衣食住行、农村再生产与农民发展的要求。就目前农村物质方面的现实来看，大多数农村解决了温饱问题或实现了低水平的小康，尽管衣食住行等基本生活需要得到了满足，但在市场经济深入发展的过程中，又出现了看病难、上学难、养老难的现象。只有促进生产发展，提高农民整体的富裕程度，才能奠定社会主义新农村建设的物质基础。政府应调整国民收入再分配、财政支出、固定资产投资和信贷投放的结构，建立以工促农、以城带乡的长效机制；尽快建立城乡统一的劳动力市场和公平竞争的就业制度；取消对农民进城就业的各种限制，为农村劳动力转移创造良好环境；规划建立城乡衔接、公平统一的社会福利制度，探索建立农民最低生活保障制度，建立和完善农村社会救济制度；进一步巩固农村税费改革的成果，从源头上降低农村生产的成本，进一步严格控制与农业生产投入相关的各种工业产品的价格。

3. 继承与发扬并重，促进农村精神文明建设

乡风文明、村容整洁是建设社会主义新农村的一项重要内容，是农村精神文明建设的核心问题。我国农村是一个熟人社会，关系信任是调节农村生产、生活的内在机制。继承并发扬农村纯朴乡风，建设农村精神文明，可以降低生产经营中的交

易成本，有利于社会诚信体系的建立，为农村社会的发展提供思想保证、精神动力和智力支持，是解决农村社会内部矛盾的重要途径。

4. 提高农民素质，促进民主参与、民主管理

诺斯指出，18 世纪以后西欧之所以首先出现经济迅速发展和人均收入迅速增长的局面，是由于这些国家具有更有效率的经济组织和保障个人财产安全的法律体系，而这种比较完善的经济组织又是中世纪以来将近一千年间长期演变的结果。决定一个国家、一个地区、一个企业发展状况最主要的因素，不是物质资本的数量和质量，而是与人力资本潜力发挥相关的经济组织结构和文化传统等社会因素。因此，要使社会主义新农村建设目标得以实现，必须为各种要素特别是人力资本作用的发挥建立必要的组织制度和其他社会文化条件。通过村务公开、村民自治的民主管理，增强农民的民主参与意识，并为社会主义新农村建设提供坚强的政治与制度保障。

二、相关理论借鉴

（一）城乡一体化理论

20 世纪 60 年代后期以来，许多发展中国家逐步认识到片面工业化战略的局限性，开始重视农业变革和乡村的综合开发，重视城乡经济的协调发展。众多的发展中国家和地区仍然处于城市化初级阶段，其核心是解决农村剩余劳动力转为非农业人口问题和城镇布局问题；如何节约资源，实现大城市的可持续发展，同时又避免农村地区衰退的问题；如何保证人类的生态安全，加快工业化、城市化和信息化进程等问题。越来越多的人已经认识到，树立城乡一体化发展理念，是摆脱城市繁

荣而农村衰退窘境的有效途径。

因此，城乡一体化是针对城市与乡村存在的内在联系被人为割裂而影响经济、社会发展的现实所提出的理论，主要体现了城乡之间的经济联系和社会进步的要求，包括：①城乡经济、社会发展实行统一规划，协调发展，以克服城乡分割、工农分离的格局。②城乡关系，既强调乡村服务城市，也强调城市服务乡村，使之互为依存、优势互补、互相促进。③促进城乡经济、社会、文化的全方位融合。④城乡一体化的建设具有一定的社会范围和行政区划，其主要思想和工作方针是针对一座城市和它的郊区（马增明，2008）。

通过对亚洲一些国家和地区进行长期研究，加拿大学者麦基（T. G. McGee）提出了“Desakota”概念。它是一种以区域为基础的城市化现象，建立在区域综合发展基础上的城市化形态，其实质就是城乡之间的统筹协调和一体化发展。这种城市化的空间模式，其主要特征就是高强度、高频率的城乡之间的相互作用，混合的农业和非农业活动，淡化城乡差别，由此淡化传统的城市乡村两分法，增强城乡一体化融合发展的理念。因此，城乡一体化并不意味着城乡一样化，也不意味着变乡村为城市或变城市为乡村。城乡一体化不会自然而然形成，也不会在朝夕之间完成，它是一个很长的发展建设过程。包括以下几方面的运行机制：

1. 乡镇企业发展——桥梁

乡镇企业作为城乡一体化的联结点，在城乡经济协调发展方面发挥了重要的桥梁和纽带作用。随着我国经济的发展，乡镇企业的经济实力也逐步增强，其主要发展目标已从过去的以吸纳农村剩余劳动力为主，逐步向带动整个农村经济全面发展的方向转变。目前我国乡镇企业已经涉足包括工业、交通运输业、建筑业、商业、饮食业以及各种服务业等多种行业，并正在向综合服务体系的方向发展。乡镇企业多行业、多领域地发展，才能更多容纳农村剩余劳动力，才能更好地推动农村市场经济的发展、繁荣，才能更大地促进农村经济的全面发展。乡镇企业的发展改变了传统的农业乡村、工业城市的格局，打破了乡村单一的农业经济结构，出现了农、林、牧、副、渔五业并举，工、商、建、运、服综合发展的新格局。一方面，乡镇企业从城镇工业中吸取先进的生产技术、管理经验；另一方面，它也为城镇的发展提供了大量物美价廉的商品和必要的生产原料，使城乡经济的联系更加紧密。

2. 小城镇建设——载体

小城镇建设指的是在持续、快速、健康发展农村经济的基础上，参照城市先进的经济、技术、社会标准，建设小城镇和社会主义新农村。小城镇建设的实质是打破城乡界限，缩小城乡差别。小城镇发展的基础和核心是正确处理好城市化进程与农村、农业的关系。小城镇的建设与发展，有利于改变城乡分割的局面，形成全国统一、开放的市场体系。其功能有：第一，小城镇具有聚合和辐射功能，在一定范围内能够将各种资源和生产要素聚集起来，将生产和消费结合起来，发展具有一定规模的专业化商品生产基地和商品流通市场，建立各具特色的产品市场和要素市场。第二，小城镇形成的网络，易于将城市与乡村联结起来，把封闭的、分散的农村市场纳入以城市为中心的统一开放的市场体系中。第三，小城镇及其市场体系的形成，有助于国家根据市场总体运行状态，区分不同地区、不同层次的问题并化解市场波动的风险，保证市场经济的健康运行。我国幅员辽阔，农村小城镇建设的道路和模式呈现出多样性，在我国5万多个各种类型的小城镇中，主要有以农村贸易为龙头的贸易城，以乡镇企业为支柱的龙头企业城，以科技为龙头的科技城，以旅游为龙头的旅游城，以金融为中心的金融服务城等。

3. 贸工农协调发展——纽带

贸工农协调发展是以市场为导向，以农副产品加工、流通企业等综合农业组织为龙头，以乡村合作经济组织和农户为基础，把农业的生产、加工、储运、销售等环节联系起来，形成一体化的经济利益集团或共同体的一种经济发展形式。贸工农协调发展打破了城乡封闭的格局，由分散性、自给性、产销分割和低效率的农业，向集约化、商品化、产销一体化和高效率的农业转化。贸工农一体化包含了产加销一条龙、种加养相结合的现代农业经营模式。其主要特征是：利益各方根据市场需求状况和自身的经营特点，将生产、加工、销售诸环节以契约的形式组合起来，达到利益共享、风险共担的目的。它可以是"公司+农户"式、"社区+农户"式、股份合作式等松散或紧密的经济共同体。现代经济发展规律和我国的实践表明，贸工农一体化的发展是联系我国城乡经济，实现农业商品化、市场化的重要环节和纽带。

4. 资本转移渗透——推动力

我国目前的经济发展程度虽尚未完全进入反哺农业的阶段，尚不具备对农业进行普遍补贴的条件，但已在政策的选择上逐步建立了工业反哺农业、城市支持农村的机制和政策。为此，我国在由剥夺农业向反哺农业的政策转变过程中，逐步调整工农、城乡关系，增加农业投资，促使城市资本向农业和农村渗透，使农业投资达到与促进农业发展和实现农业现代化相适应的水平。这一政策的实施，使农业剩余不再流入工业，剩余沉淀使农业的收益能力大大提高，农民可以将其收入增量转化为农业再投入，农业依靠自身积累发展而具备了较为坚实的微观基础。实践证明，以城市资本转移渗透来激活农业生产力、发展农村经济、推动城乡一体化十分必要。

总而言之，城乡一体化产生于生产力水平或现代化和城市化水平相当高的时期，其发展进程是由乡村人口向城市集聚到大城市的郊区化而后迈向城乡一体化。城乡一体化是工业社会时期城市化发展的高级阶段。城乡一体化是一个渐进的动态过程，是一种发展理念和思想方法，同时也是城乡互动发展过程，是双向的而不是单向的，因而在城乡区域经济发展中，应将城乡有机结合起来，实施城乡平等发展战略，避免出现城市问题突出而乡村衰落萧条的两难困境。城乡一体化是城乡社会现代化的系统演进过程，包括物质文明和精神文明等诸多方面，其发展目标是实现城乡融合，实现城市地区和乡村地区的协调发展。

（二）乡村城市化理论

1. 小城镇理论

小城镇理论是对费孝通的小城镇系列论文和江苏省小城镇研究课题组写的学术论文的归纳总结，包括小城镇的等级体系、行政管理体制、不同地域类型及成因，以及小城镇发展与区域经济发展之间的关系、小城镇规划建设等。费孝通认为，“小城镇是由农村中比农村社区高一层次的社会实体组成，这种社会实体是以一批并不从事农业生产劳动的人口为主体组成的社区，无论从地域、人口、经济、环境等因素看，它们都既具有与农村社区相异的特点，又都与周围的农村保持着不可缺少的联系”，“解决农村剩余劳动力问题要以小城镇为主，大中小城市为辅”，强调“加强小城镇建设是我国社会主义城市化的必由之路”。同时，费孝通还首次提出“苏南模式”及“温州模式”等概念，提出了从微观入手对小城镇建设的比较研究上升到对区域发展的宏观审视的研究方法。

2. 集聚—扩散理论

集聚—扩散理论是对城乡动态关系，特别是小城镇形成机制的描述。对于小城镇，具体表现在发源于城市一端的扩散和落实于农村一端的集聚。集聚是因为在工业布局的技术因素影响下，最高的经济效益是通过最大限度的空间集中而获得，其结果是工业由农村疏散布局方式集中到农村中心，人口、建筑等要素在农村飞跃发展起来；扩散则是区域中心城市效应的发挥及反磁力吸引理论的实际应用。由集聚—扩散产生的地域结构变化推进农村城市化进程，该过程中城乡支撑体系的完善是关键一步，没有畅通的流通渠道，资金、技术、信息无法从城市输出，而人口、产业等也无法从乡村地域集聚，农村城市化进程必将严重受阻。该理论偏重于对农村城市化运行机制的分析。

3. 三元结构理论

三元结构理论认为，中国国民经济存在着农业部门、农村工业部门和城市工业部门。乡镇企业的崛起使中国的二元经济结构发生了历史变革。“由二元结构转换成为三元结构并不意味着距离国民经济结构一元化的道路更漫长，恰恰是使向一元结构转化在中国的条件下成为可能。”该结构理论表面上类似于 M. P. 托达罗早期提出的三部门劳动力市场模型，但在中间部门的空间定位上存在着本质的差别。

双重二元经济结构是指旧有的城乡二元经济结构已逐步转向城乡之间、城市内部和农村内部的双重二元结构，即位于农村地域上的农村工业部门和农业部门，以及位于城市地域上的城市传统工业区和城市新兴经济区。由此也就构成城乡双重二元矛盾，使以往的城乡矛盾更趋复杂。该理论是对我国现状经济结构的细致划分。

三元区域结构理论对社会区域的划分存在两种方式：其一是将社会区域划分为农村、小城镇、城市。此前的城乡二元区域划分模糊了小城镇与城市的区别，不利于打破城乡格局，并且它将许多城镇型社会区域排除在外，人为地降低了我国城市化水平。此划分是随着小城镇在社会区域中地位的不断上升应运而生的。其二是将社会区域划分为城、郊、乡三部分。城市的膨胀力将城市周围的农村地区不断包围进去，使城市的周边地域成为混杂城市与农村两种因素的地域，该地区被形象地称为“社会性接触变质”地区，实质上是在传统的城市与乡村地域之间形成一个新的独立地域实体，具有城市、乡村二重性。20 世纪 80 年代以后，西方一些学者提出的“Desakota 区域”（又称“城乡融合区”）概念就是用来描述这种在同一地域上同时发生城市性和乡村性行为的地区。城乡的动态变化恰恰在该地域实体上表现最为明显，因此也是城乡矛盾最为突出的地区。

4. 城乡互动理论

通常说，城市是动态的，而乡村是相对静止的。事实上，城市与乡村是区域整体的两个有机组成部门，是相辅相成的。在推力与拉力的作用下，农村在空间地域上的后退同城市在空间地域上的前进一样明显。也就是说，农村城市化使农村从静态变为动态，从而置城乡于一个互动的系统中，构成一个动态的连续体。该城乡连续体可以被看成由乡村、小城镇、城市边缘区、城市组成的一个变化着的混合体。因此，当代意义上的农村，应该包括乡村、乡村城市、城市边缘区三大部分，而当代意义上的城市也应该包括城市、城市边缘区和乡村城市三部分。在城乡互动过程中，城乡得到共同提高，表现为城市在广度和深度上的再度发展，农村虽然在地域上日渐退缩，但在经济、社会方面则获得极大提高。在互动过程中，推力、拉力必不可少，但最永恒的动力还是城乡收入差距的存在。要保证城乡互动顺利运行，还需确保人、资金、技术等流动的畅通无阻，这是城乡互动的支撑体系。

城乡互动并不是终极，其静态饱和的终极阶段表现为城乡之间的相对静止，达到稳定均衡状态。该阶段的主要特征是城乡人口比例趋于稳定，区域均衡工资率、城乡差距消失，空间经济结构中城乡二元走向区域一体，使农村城市化进程走向高级阶段。

（三）乡村发展理论

乡村发展理论是第二次世界大战以后发展经济学理论的一个重要组成部分，它同经济发展的一般理论的变化过程是同步的。通常按照整个经济发展战略重点的不同划分为三个不同的阶段，即经济增长理论（以进化论与二元论为代表）、重新分配和基本需求战略理论、生态模式与持续发展理论。

以罗斯托“经济成长阶段论”为代表的进化论主要是与西方发达国家的历史经验有关，二元结构理论则更适合于广大的发展中国家和地区，其主要代表是刘易斯的二元经济模型。该模型概括了从大工业为主体的现代化部门建立与扩展，逐步取代传统部门，直至在整个经济中占据主导地位的过程，也是传统农业部门的剩余劳动力与再生性资源相结合的过程。

针对早期发展经济学片面强调工业化和重工轻农的观点，20 世纪 60 年代中期以后，学者开始重视农业、农村的发展，重新分配与基本需求战略成为这一时期的代表性观点，也被称为“乡村发展理论”。首先，该理论强调经济增长与经济发展之间的差异。经济增长只是手段，而不是目的，发展的目的应该是满足人类的基本需求；重新分配战略更强调经济增长的隔离再分配，从而使每个人都分享到经济增长的利益，获得真正的发展。其次，强调发挥农业和乡村的作用，注重农村的综合发展。对于绝大多数发展中国家，经济发展战略应该移向乡村地域，增加农民就业机会，改善农民的生活条件，最实际、最经济的办法就是改善投入的质量，广泛利用现代技术，从而提高现有农业经济的效率。再次，注重发挥乡村地区小城镇的作用，建立一些适当的工业，培育竞争市场，加强城乡之间的联系，从而增加农业产量和区域贸易盈余，解决贫困与就业，以获得乡村区域的经济发展。

自20世纪70年代以来，生态环境保护与可持续发展理念深入人心，与乡村发展紧密联系就是持续农业与农村发展体系(SARD)，即在合理利用和维护组员与环境的同时，实行乡村体制改革和技术革新，以生产足够的食物与产品，来满足当代人类与其后代对农产品的需要，促进农业和乡村的全面发展。在乡村经济发展中，以持续农业为基础产业的结构调整为重点，由过去片面追求产量和产值的产品理论向质量、效益、净收入为主的商品经济及市场经济理论转化。

我国提出农业现代化已有50多年，在这期间，随着认识的深入、社会的发展，其内涵也在不断丰富。1978年之前，农业的机械化、化学化、水利化和电气化是农业现代化追求的主要目标；1978年以后，科学化、集约化、社会化、商品化、产业化成为新一轮农业现代化发展的目标。

现代农业是在现代工业基础之上发展而来，发达国家从18世纪末到20世纪的中期完成了农业的现代化，现今正向更高级的农业模式——持续农业发展。其特征：一是农业生产中大规模采用以现代化科学技术为基础的生产工具和生产方法，农业生产经营的科学化程度空前提高。二是农业由畜力逐渐转变为机械动力，并向自动化迈进。三是农业生产专业化程度越来越高，社会分工日益深化，不仅地区分工和产品种类上的分工越来越细，而且形成了产前、产中和产后的分工，并在此基础上形成比较完整的农业社会化服务体系。四是形成发达的农业市场经济。不仅大部分农产品成为商品，而且农业生产所必需的各种要素也成为商品。五是农业实行一体化经营和企业化管理。

可以从两方面来把握农业现代化的内涵：①农业现代化是一个过程，即从传统农业向现代农业转变的过程，具体包括：首先是从以直接经验和手工工具为基础的传统农业转变为现代科学技术、生产资料和经营管理方法为基础的机械化过程。其次是从自给自足农业向商品农业转变和发展的过程。须经历农民市场意识的提高、商品农业的形成、无序市场向有序市场的转变，以及商品农业的大发展过程。因此，农业现代化是一个农业生产率长期提高和农业市场发展的过程，是一种自然进程。②农业现代化是一种手段，即为了农业生产部门尽快实现现代化以适应工业化迅速发展国家所采取的各种手段和措施。从这个意义上讲，农业现代化是一种战略。

第二章

农村土地流转制度背景与理论研究

一、我国现行农村土地制度分析

我国城乡二元结构，造成了我国农村土地与城市土地所有制的不同，农村土地属于集体所有，而城市土地归国有。两种产权形成了两个分割的市场，两个市场之间不能实现土地资源的整合利用和有效配置。在社会经济大力发展的情况下，我国沿海发达地区逐渐出现了土地流转的现象，我国现行农村土地的基本制度——家庭联产承包责任制已经不能满足市场的需求，这时土地流转制度应运而生（冯继康，2005）。由于我国实行的是土地用途管制制度，农用地未经依法批准不得随意改变其用途，用于非农建设。因此，在农用地和非农建设用地之间，其土地制度因地而异。我国目前农用地制度已较完善，而宅基地制度还处于研究和探索阶段。

（一）我国现行农用地流转相关制度

1. 家庭联产承包责任制

党的十七届三中全会进一步确定我国对农村农用地实行的是家庭联产承包责任制，并且将长久稳定不变，因此土地承包经营权的流转是农用地流转的重要方式。1993 年 3 月 29 日，第八届全国人大第一次会议通过《中华人民共和国宪法修正案》，明确“农村中的家庭联产承包为主的责任制，是社会主义劳动群众集体所有制经济”，以根本大法的形式确立了家庭联产承包责任制的法律地位（左平良，2007）。家庭联产承包责任制采用了把土地使用经营权发包给农民的办法，实行以农民家庭为单位的分户承包经营。土地所有权仍然属于集体，土地按人口或劳动力分配给农民耕种，农民由此取得土地的承包经营权，成为集体经济组织内部一个相对独立的经营主体；集体经济组织则通过承担统一经营职能，对承包合同的履行进行监督、对农田基本设施进行修建和维护、对集体经济发展进行总体调控等，从而形成了有统有分、统分结合的双层经营体制，实现了土地所有权与使用经营权的分离。家庭联产承包责任制的推行，纠正了过去长期存在的土地所有和使用高度集中统一、经营方式单调的弊端，改变了农民与土地的关系，使农民的利益与土地产出直接挂钩，极大地调动了农民的生产积极性，成功地推动了农村经济的持续高速发展（邓周璇，2009）。

但是，随着社会的进步，生产力的发展，农业结构调整的拉动，劳动力结构的变化，资源的优化配置，我国农村城镇化进程的推动（在城市化的过程中农民大规模进城，造成了农村很多土地没人种的现象，而我国当时的法律又不允许农民将土地转让，于是出现了很多土地撂荒的现象，造成了很大的损失），农业比较效益低，于是在各地出现了不同形式的土地流转。

2. 耕地保护制度

我国当前的耕地保护制度如下：

土地用途管制制度。《中华人民共和国土地管理法》（以下简称《土地管理法》）第四条第一款规定："国家实行土地用途管制制度。"该条第二款规定："国家编制土地利用总体规划，规定土地用途，将土地分为农用地、建设用地和未利用地。严格限制农用地转为建设用地，控制建设用地总量，对耕地实行特殊保护。"

农用地转用审批制度。《土地管理法》第四十四条规定："建设占用土地，涉及农用地转为建设用地的，应当办理农用地转用审批手续。省、自治区、直辖市人民政府批准的道路、管线工程和大型基础设施建设项目，国务院批准的建设项目占用土地，涉及农用地转为建设用地的，由国务院批准。在土地利用总体规划确定的城市和村庄、集镇建设用地规模范围内，为实施该规划而将农用地转为建设用地的，按土地利用年度计划分批次由原批准土地利用总体规划的机关批准。在已批准的农用地转用范围内，具体建设项目用地可以由市、县人民政府批准。本条第二款、第三款规定以外的建设项目占用土地，涉及农用地转为建设用地的，由省、自治区、直辖市人民政府批准。"

土地税费制度。《土地管理法》第三十一条规定："建设占用耕地，如没有条件开垦或者开垦的耕地不符合要求，应缴纳耕地开垦费，用于开垦新耕地。"第三十七条规定："对于闲置、荒芜耕地要缴纳闲置费。"第四十七条规定："征用城市郊区菜地，要缴纳新菜地开发建设基金。"第五十五条规定："对以出让方式取得国有土地使用权的建设单位，要缴纳新增建设用地土地有偿使用费。"《中华人民共和国耕地占用税暂行条例》规定，非农业建设占用耕地，要缴纳耕地占用税。法律规定的税费制度，是以经济手段保护耕地的重要措施。

耕地保护法律责任制度。《中华人民共和国刑法》第三百四十二条规定："违反土地管理法规，非法占用耕地改作他用，数量较大，造成耕地大量毁坏的，处五年以下有期徒刑或者拘役，并处或者单处罚金。"第四百一十条规定："国家机关工作人员徇私舞弊，违反土地管理法规，滥用职权，非法批准征用、占用土地，或者非法低价出让国有土地使用权，情节严重的，处三年以下有期徒刑或者拘役；致使国家或者集体利益遭受特别重大损失的，处三年以上七年以下有期徒刑。"

3. 物权法

《中华人民共和国物权法》(以下简称《物权法》) 于 2007 年 3 月 16 日召开的第十届全国人民代表大会第五次会议通过，其中专章对土地承包经营权和宅基地使用权作出了规定，为农村土地制度的进一步完善迈出了历史性的一步。其中将农用地的土地承包经营权的性质确定为物权，这是实行土地承包经营以来的第一次。在以往的定位中都把土地承包经营权定为债权，虽然在《中华人民共和国农村土地承包法》中也是按物权来设计的，但毕竟没有加以明确。承包经营权的物权化，具有十分重要的意义。首先，有利于保持权利的长期性和稳定性。根据物权法定原则，《物权法》对土地承包经营权的规定具有强制性，当事人不能进行另外的约定。例如，《物权法》规定耕地的承包期为三十年，即便农村集体经济组织与农户之间约定为十年，该约定也没有法律效力，承包期应当按照三十年计算。这显然有利于稳定土地承包经营关系，使承包经营权确实成为长期稳定的权利。其次，赋予了土地承包经营权排他效力。《物权法》规定："物权，是指权利人对特定的物享有直接支配和排他的权利。"所谓排他，就是说任何人都负有不得侵害的义务。如果他人对物权进行了侵害或者妨害，权利人有权行使物权请求权，无论加害人是否存在过错，都可以要求其返还财产、停止侵害、排除妨害、消除危险。土地承包经营权物权化，就意味着在发包人或者第三人对权利进行侵害的情况下，权利人可以直接主张物权请求权。而在造成实际损失的情况下，权利人不仅可以依据合同要求发包人承担违约责任，还有权要求第三人承担侵权责任。最后，促进土地流转。农村的现代化，固然需要通过提高集约化水平来实现，但是提高农业生产率是受到经营条件尤其是土地面积限制的，在我国人均耕地如此贫乏的情况下，按分散的小规模经营，无论如何提高集约化水平，也不可能实现农村的现代化，这就需要农地的适度集中以实现农业生产的规模化。土地的适度集中和规模化经营，只能是通过农民自愿的交易来进行，这就客观上要求进一步放开对农村土地的流转限制。如果把农村土地承包经营权作为债权，则其转让、转包需要经过发包人同意，然而农地的发包人是农村集体经济组织或者村民委员会，这个组织或者委员会的界定是非常模糊的，因此发包人本来就是一个含糊不清的主体，而土地流转还需要这个无形主体的同意，这显然不利于农用地进行市场流转。而物权的转让，原则上无须获得他人同意，土地承包经营权的物权化，就为其流转“松绑”提供了法律上的依据，从而可以更有效地促进土地承包经营权的流转。

我国《物权法》规定，承包人对土地享有使用权、占有权和收益权。这为土地流转后收益的分配提供了依据，也为农民的利益提供了法律保障。在以往土地流转的现实事件中，因为利益分配不合理而造成土地流转停滞的现象非常普遍。同时也由于这个原因，提高土地经营效益，高效利用土地的良好初衷难以很好实现，往往造成土地流转地区农民生活失去基本保障，农民怨声载道的情况。《物权法》对相关权利的认定，为承包者实现自身的利益提供了法律依据。在此后的土地流转中，越来越多的地方政府甚至规定了农民应当占据土地流转收益的最低比例。比如广东省政府就出台了相关政策，规定在土地流转的收益中，至少50%属于土地承包经营权的权益人，剩下的50%还应该拿出一定的比例分给土地承包经营权人。土地流转的收益分配权和农民的合法权益都得到了相应的保障，为土地流转的快速发展铺平了道路。

（二）我国农村集体建设用地制度

1. 土地管理法的规定

《土地管理法》第四十三条规定："任何单位和个人进行建设，需要使用土地的，必须依法申请使用国有土地；但是，兴办乡镇企业和村民建设住宅，经依法批准使用本集体经济组织农民集体所有的土地的，或者乡（镇）村公共设施和公益事业建设经依法批准使用农民集体所有的土地的除外。"

上述法律条文严格限制了集体土地非农建设的使用范围，只允许农村集体经济组织自建自用。即集体经济组织成员可以使用本集体经济组织的土地办企业或者建住房，但是不得出让、转让或者出租集体土地使用权。也就是表示，集体建设用地向本村以外的企业和个人的流转行为是法律明文禁止的。然而现实中，大量农村集体建设用地突破国家法律法规的限制，通过出租、转让、合作、入股等方式流转用于工业园区建设和城镇建设，成为经济发展和城市建设用地不可或缺的重要组成部分。一方面随着经济建设和城市发展，仅靠国家建设用地指标远远不能满足要求，需要农村集体建设用地作为重要补充；另一方面现行国家征地办法侵害农民利益，受到越来越多的抵制，农民愿意选择土地流转，保留所有权不变，以维护自身利益。

2. 宅基地产权的演变

农村宅基地与城市房基地有区别，它既是农民的居住消费场所，又是农户家庭经济的组成部分，承载着农民生产、生活、生态、经济、社会、文化等多种功能。1962 年中共八届十中全会通过的《人民公社工作条例修正草案》第一次宣布了对宅基地的相关规定，“归生产队所有”，“不准出租和买卖”；同时，继续承认房屋归农民私有，可以出租和买卖（宫志斌，2009）。1982 年此项规定被正式写入宪法。这样就形成了“一宅两制”，即房屋属农民所有，宅基地归集体所有。

改革开放以后，农村经济发展，农民收入不断提高，解决了温饱的农民出现了建房热，农村宅基地面积迅速扩大，一些地方乱占滥用耕地严重。为了纠正错误倾向，规范建房秩序，1981 年 4 月国务院发出《制止农村建房侵占耕地的紧急通知》；1982 年 2 月国务院发布《村镇建房用地管理条例》；1986 年中共中央、国务院发出《加强土地管理，禁止乱占耕地的通知》，同年 6 月《土地管理法》公布。在这些政策法规中，有关宅基地的具体规定主要是：农村村民一户只能拥有一处宅基地；申请宅基地一定要符合条件；面积有限额；出卖、出租房屋的，不得再申请宅基地；社员迁居并拆除房屋后腾出的宅基地，由生产队收回，统一安排使用；不得在承包地和自留地上建房；建住宅应当使用原有的宅基地和村内空闲地，使用耕地的要报县政府批准等（谭广旭，2007）。

对于某些非农业户、城镇居民（包括在远郊农村工作的教职员、医务人员、科技人员，回乡落户的离休、退休、退职职工和军人，回乡定居的华侨、港澳台同胞）需要使用农村集体土地建房的，1985 年和 1988 年的有关法律规章允许以无偿划拨或有偿方式取得宅基地。到了 1999 年，《国务院办公厅关于加强土地转让管理严禁炒卖土地的通知》第一次提出：“农民的住宅不得向城市居民出售，也不得批准城市居民占用农民集体土地建住宅，有关部门不得为违法建造和购买的住宅发放土地使用证和房产证。”2004 年 10 月《国务院关于深化改革严格土地管理的决定》再次提出，“禁止城镇居民在农村购置宅基地”；同年11月国土资源部的《关于加强农村宅基地管理的意见》则提出两个“严禁”：“严禁城镇居民在农村购置宅基地，严禁为城镇居民在农村购买和违法建造的住宅发放土地使用证”。这就使农民房屋买卖与宅基地使用权流转的财产权利受到极大的限制。

3. 物权法中对宅基地使用权的相关规定

《物权法》对于宅基地使用权列出了专门的一章来进行阐述。这是因为宅基地使用权是物权法中争议较大的内容之一，在物权法草案的探讨中，多次对宅基地使用权进行修改，最后确定了以下几条规定：

第一百五十二条规定：“宅基地使用权人依法对集体所有的土地享有占有和使用的权利，有权依法利用该土地建造住宅及其附属设施。”这条规定满足了农村村民对于宅基地使用的需要，保证农村村民有地建房。但同时，《土地管理法》第六十二条明确规定：“一户农村村民只能拥有一处宅基地，宅基地的面积不得超过省、自治区、直辖市规定的标准。农村村民建住宅，应当符合乡（镇）土地利用总体规划，并尽量使用原有的宅基地和村内空闲地，农村村民出卖、出租住房后，再申请宅基地的，不予批准。”这就是说，国家在保证农村村民享有宅基地使用权和相应的其他权利的同时，也限制了他们的权利，既然一户农民只能拥有一处宅基地，那么村民就不能随意转让、出租、出卖宅基地，必须严格按照法律规定办事；否则，村民要再申请宅基地，政府将不予批准。

《物权法》第一百五十三条规定：“宅基地使用权的取得、行使和转让，适用土地管理法等法律和国家有关规定。”由此可见，国家对宅基地使用权限制很紧，并没有放开宅基地使用权市场。因为，《土地管理法》第六十三条规定：“农村集体所有的土地使用权不得出让、转让或者出租非农建设……”《土地管理法》和国家的相关规定都极大地约束了宅基地使用权的流转（孙佑海，2000）。

《物权法》第一百五十四条规定："宅基地因自然灾害等原因灭失的，宅基地使用权消灭。对失去宅基地的村民，应当重新分配宅基地。"这一规定实际上是对第一百五十二条的补充，其目的也在于保障村民的宅基地使用权，使所有村民有地建房。

《物权法》第一百五十五条规定："已经登记的宅基地使用权转让或者消灭的，应当及时办理变更登记或者注销登记。"这是基于物权的基本处置方式，即物权发生变化或消灭时必须予以变更登记或注销登记。虽然现在宅基地使用权的流转还受到极大的约束，但该条法律为今后可能出现的情况预先作了防范，一旦宅基地使用权的流转像农用地一样逐渐放开的话，不会出现使用权属混乱的情况。当今农村建设用地流转在沿海发达地区已经积极发展起来，这些地区也已经制定了本地域适用的一些条例和规定，因此宅基地使用权流转在将来一定程度上放开的可能性还是很大的，只是要解决用什么方式来流转的问题，并且配套制度还有待完善。

我国之所以没有放开农村建设用地的使用权流转市场，主要是为了在房地产开发过热的情况下保护耕地，减少建设用地对耕地的乱占滥用。从农用地流转的规定"不得改变其农业经营的用途"就可窥见一斑。因此，只要是方式方法得当，法律法规完善，从这两个方面入手就能够解决建设滥占耕地这一问题，而不用从市场供给这个角度来控制建设占用耕地，农村建设用地的使用权流转市场放开的实现就不是没有可能。

二、我国土地流转制度分析

土地流转在现实中发生发展到一定阶段和规模，引起了国家对相关情况的高度重视，于是土地流转在制度上逐步实现了合法化。但国家对于农用地的土地流转不管是在放开时间还是在放开程度上都远远早于和大于建设用地领域。因此，在对土地流转制度进行分析时，本研究把农村土地分为农用地和农村建设用地来讨论。

（一）农用地流转制度分析

1. 农村土地承包法

2002 年 8 月 29 日，第九届全国人大常委会第二十九次会议通过了《中华人民共和国农村土地承包法》（以下简称《农村土地承包法》），这在我国法制建设中具有重要意义。《农村土地承包法》的颁布使我国农村土地问题基本实现了有法可依，解决了当前农村土地所面临的有纠纷找不到法律依据的尴尬局面，对稳定农村土地承包经营权、调动农民的生产积极性和对土地的可持续开发利用，提供了可靠的保证。该法除把党和国家的政策用法律条文作出明确规定以外，还在制度创新方面作出了较大的努力。其最明显的体现即是除规定“国家实行农村土地承包经营制度”（张红宇，2002）、“国家依法保护农村土地承包的长期稳定”外，还规定了“国家保护承包方依法、自愿、有偿地进行土地承包经营权的流转”，“通过家庭承包取得的土地承包经营权可以依法采取转包、出租、互换、转让和其他方式流转”，“土地承包经营权流转的转包费、租金、转让费等，应当由当事人双方协商决定。流转的收益归承包方所有，任何组织、个人不得擅自截留、扣缴”，从而确立了我国农村土地承包经营权的流转制度。这是对我国农村土地制度所面临的现实问题的有力回应，是我国农村土地制度的又一次创新，为解决我国农村所面临的“想种地没有地种，不想种地只能让土地撂荒”这一现实问题提供了有力武器。使用权流转有利于农村土地资源的合理流动，优化土地资源配置，使土地的使用权得以向种地能手集中，也为一些外出打工的农民解决了后顾之忧。

随着土地流转在全国大规模的发生，新的问题又再一次出现：由于土地的产权模糊，为土地流转的收益分配带来了一系列问题；同时土地承包经营权的性质不清，也对土地流转的有效顺利进行造成了障碍。为了解决这些问题，酝酿了半个世纪之久的《物权法》终于隆重登场。

2. 物权法关于农用土地流转的规定

《物权法》第一百二十八条规定，土地承包经营权人依照农村土地承包法的规定，有权将土地承包经营权采取转包、互换、转让等方式流转。流转的期限不得超过承包期的剩余期限。未经依法批准，不得将承包地用于非农建设。这从法律上认可了土地流转的合法性，但是也从保护农用地的角度提出了新的规定。“未经依法批准，不得将承包地用于非农建设”这一规定，对承包地用于农业建设用地并未作出苛刻的限制，也就是说，对用于农业建设的情况，比如农村道路及水利设施等的建设，国家在政策上放得比较宽，容易得到批准，没有用于非农建设的限制严格。这与我国土地用途管制的制度相呼应，从物权法的角度对土地用途管制制度予以确认。从这一点也可以看出，我国对于农用地特别是耕地的保护是非常严格的，设置这一条的目的就是为了实现对耕地的保护，防止农用地转为宅基地或者商业、工业用地等非农建设用地。在我国土地流转的发展过程中，由于土地流转而改变土地用途的例子并不鲜见，一些地方打着土地流转的幌子，随意改变土地用途，造成我国耕地数量的加速减少，不利于我国耕地保护制度的执行。我国耕地的现状让政府不得不采取一切措施来保护耕地。由现行的制度来看，通常仅限于符合土地利用总体规划和城市、乡镇规划的建设用地区域，才有可能获得批准，除此之外的一切地区，基本上不可能将农用地转为非农建设用地。因此，在土地流转的方式上怎样来推进这一制度的实现，是当今土地流转的一个难题。

（二）农村集体建设用地流转制度分析

1. 法律法规

鉴于现实中有大量农村集体建设用地上市流转的情况存在，国土资源部于2002年在江苏苏州、安徽芜湖、浙江湖州、河南安阳、广东省等地开展了试点工作。2004年10月国务院下发的《关于深化改革严格土地管理的决定》中指出："在符合规划的前提下，村庄、集镇、建制镇中的农民集体所有建设用地使用权可以依法流转。"但农村集体所有建设用地流转的相关法律一直以来都非常欠缺。虽然流转在逐渐合法化，但流转途径、流转方式都没有明确的规定，"集体建设用地流转管理条例"还处于研究阶段，并未取得任何实质性的进展。该决定提出："禁止城镇居民在农村购置宅基地。"同年11月国土资源部下发的《关于加强农村宅基地管理的意见》中提出两个"严禁"："严禁城镇居民在农村购置宅基地，严禁为城镇居民在农村购买和违法建造的住宅发放土地使用证。"实际上现行法律对农村集体所有建设用地的使用仍有诸多限制，但总体上来说还是明确了集体建设用地可以流转的改革方向。

在此情况下，部分地区通过了一系列相关的地方办法。2005年7月，广东省政府制定了《广东省集体建设用地使用权流转管理办法》，明确农村集体建设用地使用权可以上市流转，并通过招标、拍卖、挂牌和上网竞价四种方式推行，这意味着农村建设用地使用权流转进入了市场化的阶段。其他地区也开始有了不同程度的松动。但是《广东省集体建设用地使用权流转管理办法》对于村民住宅用地（即宅基地）流转作出了限制，第四条规定村民住宅用地使用权不能流转，第五条规定通过出让、转让和出租方式取得的集体建设用地不得用于商品房地产开发建设和住宅建设。因此，广东省的农村集体建设用地流转主要是以支持工业用地的需要为目的，发展当地的第二产业，使支柱产业多元化，拉动经济持续稳定发展。

2006 年 3 月国土资源部在《关于坚持依法依规管理节约集约用地支持社会主义新农村建设的通知》中，首次明确提出将推进农村非农建设用地流转的试点工作，并提到稳步推进城镇建设用地增加和农村建设用地减少相挂钩试点、集体非农建设用地使用权流转试点，不断总结试点经验，及时加以规范。

2007 年 7 月 27 日，成都市国土资源局出台了《成都市集体建设用地使用权流转管理办法（试行）》（以下简称《办法》）。按《办法》要求，土地使用者可以通过与储备机构协商或按市场配置资源的方式有偿取得集体建设用地指标。《办法》第二十三条明确规定："集体建设用地可以用于建设农民住房、农村集体经济组织租赁性房屋，不得用于商品住宅开发。"同时，集体建设用地还可以用于工业、商业、旅游业、服务业等经营性用途，用于这类用途且有两个以上意向用地者时，应当进入土地有形市场采取招标、拍卖或者挂牌等方式公开交易。土地使用者应当按照规划确定土地的用途，不得擅自改变土地用途。

2. 农村集体建设用地使用权流转的理论分析

由于我国农村集体建设用地使用权流转仍然有诸多限制，对于农村建设用地使用权流转的问题，理论界出现了不同角度的理论分析。

经济学角度：一些学者对土地产权和土地市场作了深入的分析，认为当今社会经济发展到这个阶段，集体建设用地使用权流转已经形成了大量的隐形市场，但是由于土地产权不清和相关法律法规不完善、政府政策上的限制，反而导致了该隐形市场的混乱和土地市场的不规范。土地产权不清还导致了隐形交易的不安全，农民的利益得不到应有的保障，给农村的稳定带来了隐患。因此，学者们对于完善土地市场和构建新型集体土地产权制度的呼声越来越高。

法学角度：一些学者对相关的法律法规作了分析，认为《宪法》第十条规定："任何组织或者个人不得侵占、买卖或者以其他形式非法转让土地。土地的使用权可以依照法律的规定转让。"由于现行法律将土地分为国有土地和集体土地，并未对"土地的使用权"是否为集体土地使用权或国有土地使用权进行界定，"土地的使用权"应该既包括国有土地使用权，也包括集体土地使用权，而集体土地使用权又包括集体农用地使用权和集体建设用地使用权（钱水苗，2001）。同时，"转让"应是一个广义的概念，即包括我们通常所说的出让、转让、出租、联营、作价入股等流转形式。根据该条规定，其他法律完全可以对集体建设用地使用权的流转作出明确规定。同时，在《物权法》中，第一百八十三条明确规定："乡镇、村企业的建设用地使用权不得单独抵押。以乡镇、村企业的厂房等建筑物抵押的，其占用范围内的建设用地使用权一并抵押。"在此，乡镇、村企业的厂房所占用的土地必须是集体建设用地，既然允许这部分集体建设用地使用权抵押，一旦抵押权实现，就会出现集体建设用地使用权发生移转的现象。可见，《物权法》为集体建设用地使用权的流转打开了一扇大门。虽然《土地管理法》对于集体建设用地使用权的流转还有诸多限制，但是并未完全否定集体建设用地使用权的流转。该法第六十条规定："农村集体经济组织使用乡（镇）土地利用总体规划确定的建设用地兴办企业或者与其他单位、个人以土地使用权入股、联营等形式共同举办企业的，应当持有关批准文件，向县级以上地方人民政府土地行政主管部门提出申请，按照省、自治区、直辖市规定的批准权限，由县级以上人民政府批准。"该条款实际上已经承认集体建设用地使用权可以以入股、联营等方式进行流转。第六十三条规定："农民集体所有的土地的使用权不得出让、转让或者出租用于非农业建设；但是，符合土地利用总体规划并依法取得建设用地的企业，因破产、兼并等情形致使土地使用权依法发生转移的除外。”显然，该条款允许符合特定条件的集体建设用地使用权依法转移。这里的“依法发生转移”，应该是依法转让的意思。既然允许转让，就可以不办理征用手续而允许直接办理变更登记手续。特别是此处使用了“等”字，极富利用空间，为今后的立法埋下了伏笔。因此，根据这个“等”字，我们可以构建出很多新政策、新制度。从以上规定可以看出，农村集体建设用地使用权的禁止流转不是绝对的，而且流转的口子并没有完全封死，法律并未完全否定集体建设用地使用权的流转。以土地使用权联营、作价入股或在破产、兼并等情况下，是允许进行流转的，只不过对流转的对象、条件、范围和方式等有所限制。可见，构建集体建设用地使用权流转的法律制度正是适应现实的需要，是对现行相关法律的发展和完善，有利于促进集体建设用地使用权的流转由无序到有序，由隐形市场到有形市场的发展。

三、国内土地流转的现状分析

就目前情况而言，不同地区土地流转的差异比较大。有的地区农用地流转发生率比较高，但有的地区农村集体建设用地使用权的流转发生率非常高，而且流转方式也不尽相同。这要视各个地区的实际情况而言，由于农用地和集体建设用地的流转在制度和情况上差异都比较大，因此按照土地类型划分，分为农用地和集体建设用地；按照经济地理划分方式，可分为七大区域，包括东北、西北、华北、华中、华东、华南和西南地区。由于我国的地理位置与经济发展有密切的联系，沿海地区和东南部经济总的来说要比内陆地区和西北部更加发达，因此在分析我国土地流转现状时，对于农用地的分析，选择华东地区、华中地区、西南地区和西北地区。

（一）农用地流转的现状分析

1. 华东地区

以浙江省为例，到2006年年底浙江省有209.08万户农户流转出土地393.23万亩，占全省家庭承包经营农户的22%，占总承包耕地的19.8%。流转方式主要包括：①土地转包。全省采取这种形式流转面积199.62万亩，占流转总面积的50.7%。②业主租赁。2006年，全省租赁流转面积达130.23万亩，占流转总面积的33.1%。杭州市余杭区采用该流转方式的，涉及全区23 335农户，土地面积39 629亩，约占总流转面积的41.5%。③分季流转。从最初农户自发性流转发展到以种植大户、龙头企业为主，规范有序地分季流转。如龙游县一些农民只种植一季晚稻，而将早稻种植权流转给种粮大户，大户为农户提供晚稻免费机耕、育秧和优惠价机割。慈溪市横河镇子陵村利用稻田空闲时期，连片流转给该市乐业马铃薯合作社种植加工型马铃薯。④土地入股。平湖市黄姑镇渡船桥村于2006年12月成立土地股份合作社，将农民土地承包经营权折股量化，按前三年亩均毛利润250元、承包经营权剩余年限20年计，每亩土地经营权价值为5 000元。同时，合作社采用保底分红和利润分配相结合的方式，三年内实行保底分红，每年每股400元，并按年经营净收益的80%按股分红到户，承包农户取得了良好的土地收益。⑤土地互换。宁海县长街镇将承包土地设为两个区域：一个区域为自种区，由不愿流转农户承包，一个区域为招商区，由愿意流转的农户承包土地，集中统一对外招租，确保土地成片流转。⑥土地托管。到2006年年底，全省有254个乡镇、4 344个村建立了土地流转服务组织，并发挥了良好的作用。经营模式主要有：①家庭经营型。截至 2006 年年底，按土地流转对象分，流转给家庭农场或专业大户（10 亩以上）经营面积 203.95 万亩，占流转总面积的 51.8%。②基地生产型。如温岭市石桥头镇蔬菜专业合作社，集中连片向农户转包土地 1 200 亩，建立无公害蔬菜基地，再按合作社总体布局、专业生产的要求把土地划片，集中转包给社员经营。③科技示范型。余姚市已有 100 余位农技干部，建立各类示范基地 35 个，涉及经营面积 4 900 多亩。④工商企业投资型。如建德市绿源茶厂、建德市大堰茶厂，出资将分散在农户手中的半荒芜状态的低产茶园集中管理，春茶归农户采摘收获，5 月后夏秋茶由企业机械化采摘收获，实现了农户与企业双赢。

2. 华中地区

湖北省武汉市，截至 2007 年年初，全市 6 个主要农区共签订规范流转合同 12 668 份，涉及流转面积 137 381 亩，流转总面积占 6 区农用地面积的 5.2%。流转土地中 73 604 亩形成了规模经营，占流转总面积的 53.6%。湖南湘西自治州，截至 2007 年 9 月，该州农村土地经营权流转面积达 18.15 万亩，占总承包面积的 9.23%；涉及农户 7.36 万户，占家庭承包农户总数的 13.83%；签订流转合同 2.59 万份。从流转形式看，转让的面积有 1.18 万亩，占流转总面积的 6.5%；转包的面积 11.81 万亩，占流转总面积的 65.07%；出租的面积 3.25 万亩，占流转总面积的 17.91%；互换的面积 1.27 万亩，占流转总面积的 6.99%；其他形式流转的面积 0.64 万亩，占流转总面积的 3.53%。

3. 西南地区

以重庆为例，截至 2006 年年底，全市承包耕地面积 1 995 万亩，农村土地流转总面积为 217 万亩，占当年农村承包耕地总面积的 10.84%。全市农村土地流转涉及 39 个区县的 86 万农户，占承包耕地农户总数的12.46%。土地流转的形式主要有转包、转让、“四荒”使用权拍卖（或租赁）和反租倒包。重庆市土地流转从20世纪90年代开始，至今已逐渐向着组织化、规模化、目的化转变。重庆市工商局于2007年7月1日推出了《服务重庆统筹城乡发展的实施意见》，进一步推动了土地流转的进程，其中最引各界关注的就是“允许以农地承包经营权出资入股”，即在保证土地总面积不变、耕地性质不变、粮食产量不变的前提下，突破土地管理和使用问题，把土地流动起来。细化地看，农村土地承包经营权入股，进行工商登记，最终是公司形式，在承包法中有明确规定，但是农村土地经营权是否可以成立公司，法律上没有规定。

4. 西北地区

截至2007年年初，宁夏回族自治区固原市全市参与土地经营权流转的农户有7 310户，占总农户的2.63%，流转面积68 408.85亩（其中，西吉县1 619户，流转面积22 828亩；隆德县1 593户，流转面积12 759.1亩；彭阳县896户，流转面积7 922亩；原州区3 202户，流转面积24 899.75亩），占家庭承包耕地总面积的1.44%。从流转方式看，转包的3 586户，面积46 025.95亩；转让的1 092户，面积8 637.6亩；互换的705户，面积5 183亩；出租的1 845户，面积8 152.3亩；采用其他形式流转的82户，面积410亩。从这几个区的具体情况来看，土地流转占总承包土地的比例在1.4% ~ 19.8%之间，区间范围较广，同时流转的方式和经营模式的地区差异也比较大。

流转的方式主要包括：①有偿转包。在集体经济组织内部，承包农户将土地经营权以不超过剩余年限转包给第三方，自己仍保留承包权，接包方拥有使用权，双方签订契约，明确各方权利与义务。②转让。经承包方申请和发包方同意，将全部或部分土地承包经营权让渡给其他从事农业生产经营的农户，由其履行相应土地承包合同的权利和义务，转让后原有的土地承包关系自行终止，原承包方承包期内的土地经营权部分或全部丧失。③土地互换。承包农户间为便于管理，交换承包地块使用权，妥善解决了个别承包户不愿流转土地和连片流转的矛盾。④业主租赁。集体经济组织或承包农户，将土地使用权出租给村社外的业主从事农业开发，签订土地租赁协议并支付租金。⑤反租倒包。农户在保留土地承包权的前提下，由镇、村集体经济组织把农民承包的土地反租过来，集体将集中后的土地出租给种田大户或其他经营单位，形成规模经营。⑥“四荒”经营权拍卖。该模式是指集体组织通过公开竞价拍卖方式出租集体所有的荒山、荒滩，租赁期较长，是一种特殊的土地产权流转方式。由于期限长，手续完备，责权利明确，调动了农民开山造果林的积极性，使长期闲置的自然资源转化为生产性资产。这种流转方式在山区收到了很好的效果。

（二）农村集体建设用地流转的现状分析

对于农村集体建设用地流转的现状，本研究同样以经济地理分区进行，选择了华南、西南和西北地区。

在华南地区，目前农村集体建设用地使用权流转现象已经大量存在。据统计，珠三角地区通过流转的方式使用农村集体建设用地实际超过集体建设用地的50%，而在粤东、粤西及粤北等地，这一比例也超过20%。在全国首开以法规形式规范集体建设用地使用权流转管理先河的广东省，2006 年已在全省十多个城市开展此项工作，流转宗数约 2 100 宗，面积约23 250亩，涉及价款20 亿元人民币。流转的方式也多种多样，主要有五种：一是随着企业发展的自身要求，企业间合并、兼并、重组及股份制改造改组，出现了集体建设用地使用权的转让；二是乡镇、村级集体经济组织为发展经济，以集体建设用地使用权作价出资或入股或以联营形式兴办内引外联企业；三是因企业间债权债务等原因，司法裁定造成的集体建设用地使用权的转移；四是利用闲置的集体建设用地进行出租；五是集体土地使用权随农民住宅转让、出租等。

在西南地区和西北地区，虽然也存在集体建设用地转让、出租等情况，但涉及的土地宗数和面积都不大，集体建设用地用于工业园区等建设用地通常还是采用先由集体转为国有、再出让的方式。但是近年在全国的大城市，集体建设用地私下流转的情况比较严重，流转的原因主要是由于“小产权房”（泛指在农村集体建设用地上由享有该土地所有权的乡镇政府、村委会单独开发或联合房地产企业开发建造的房屋，此类房屋没有产权证和土地使用权证）的兴起。在经济相对发达地区的城乡结合部，城镇居民购买小产权房的现象非常普遍。据有关部门统计，在深圳有 67.3% 的人住着小产权房，在天津郊县小产权房的销售量已经占到整个市场的 20%，西安小产权房的销售面积已超过了整个市场的 20%。据粗略统计，成都市区（包括新都、龙泉、温江）共有 354 个楼盘在售，市郊就有 223 个小产权楼盘在售。虽然到目前为止，出台的相关政策都禁止城镇居民购买在集体土地上建设的住宅，而且也禁止在农村集体建设用地上开发商品房，但是由于城市房价的高速上涨，使得价格便宜的小产权房的销售市场日渐繁荣。

由以上对我国土地流转现状的分析可以看出，虽然国家对农用地的流转给予了大力支持，但是国内农用地流转的规模和市场发生率都仍然比较低，而农村建设用地使用权的流转尽管国家采取了一系列限制措施，仍然有很高的市场发生率和一定规模的隐形市场。同时，经济欠发达地区不管是农用地还是集体建设用地的流转都落后于经济发达地区。这也从侧面说明，土地的流转能够在一定程度上加速经济的发展。因此，如何来规范土地流转，找出限制土地合理流转的因素，并予以解决，使土地流转发挥出最大的资源配置效应，是土地流转研究的一个重要领域（卫军帅，2006）。

四、我国农村土地流转存在的问题

（一）农用地流转存在的问题

1. 流转无序，缺乏主动

由于农用地比较效益低下，农用地的流转主要表现为以村民间的转包为主，在全国大部分省市这一流转形式占到农用地流转的50%以上，而出于土地规模经营效益的有计划的流转相对较少；但是在浙江等一些经济发达地区，自2007年以来租赁流转的方式也占到了相当的比例，大概占流转总面积的30%。不过有的地方虽然流转用于集中规模经营，但流转的行政干预性强，主要由村集体经济组织的领导人决定后，实行强制性的流转，村民处于被动的地位。并且，如前所述的农用地流转的情况，相当大比例的没有办理相应的流转合同和手续，只是口头协议流转，一旦出现纠纷没有可靠的法律裁定依据（黄祖辉，2008）。总的来说，虽然近两年土地流转的比例和规模都在不断扩大，流转逐渐在向着主动和有序发展，但仍然呈现出一种无序和被动的现状，需要规范流转的形式，增强农用地流转的法律意识，并积极促进农用地的合理高效流转。

2. 流转范围狭小，缺乏透明度

从农用地流转的现状来看，农用地流转仍然有比较大的地域限制，通常只在同一经济组织内流转，交易的范围比较狭小，同时缺乏交易的透明度。比如，村集体经济组织在没有通过集体成员开会同意的情况下就把本集体经济组织的农用地转包或租赁给其他个人或者单位耕种，虽然村民也能享受到一定的分红和福利，但具体交易的期限、金额、流转的方式等村民都没有详细地了解，流转的程序不透明，流转的手续也不完备。

3. 流转不畅，缺乏规范

虽然国家颁布了许多政策法规来规范和促进农用地的流转，但是农用地流转的发生率依然比较低。据统计，全国大部分省市农用地流转的面积占农村承包经营土地的面积都不超过10%，且农用地的流转多是农户间的自发流转，没有组织性和规模性。农用地的流转要通过市场的方式来实现，还欠缺许多因素，如市场信息的缺乏、中介机构的缺失、市场发育的滞后等都是引起农用地流转不畅的重要因素。同时，非法将农用地流转为集体建设用地的现象时有发生。没有用合同来规范土地流转，口头协议私下流转的情况比较普遍，土地纠纷增多。

4. 流转区域不平衡

从农用地流转的区域来看，华东地区的浙江省 2006 年土地流转占家庭承包经营农户的 22%，占总承包耕地的 19.8%；华中地区的武汉市 2007 年年初流转总面积占承包农用地的 5.2%，湖南湘西地区 2007 年 9 月农地流转面积占总承包面积的 9.23%；西南地区的重庆市 2006 年年底农地流转面积占农村承包总面积的 10.84%；西北地区的宁夏回族自治区固原市农地流转面积占家庭承包总面积的 1.44%。可见，华东地区的土地流转发生率要高于其他地区，其他几个区域中，西南地区与华中地区的差异不大，而西北地区相对比较落后。这是因为在经济发达地区，农业的经营效益和经营理念都优于经济欠发达地区，因此土地经营的比较效益要高于欠发达地区，这就激发了经济发达地区人们对土地经营的投资和耕作热情，推动了该地区农地利用方式向收益更高的方式改变，促进了该地区农地的合理有效流转和规模经营，使得经济发达地区农用地得到充分利用，形成良性循环。经济欠发达地区正好相反，由于农业的比较效益低下，人们对农地的投资和耕作热情低落，农地流转不畅，无法体现规模效应，在工业不断发展的情况下，农业的比较效益更加低下，形成恶性循环，导致农地流转的区域差异不断加大，区域不平衡性也逐年增加。

（二）集体建设用地流转存在的问题

1. 流转不规范

随着市场经济的发展和经济体制改革的深入，客观存在的土地市场供求关系使农村集体建设用地的流转无法制止，但现行法律法规对其有严格的限制，导致当前农村集体建设用地流转多为私下进行。目前我国集体建设用地流转的情况，就华南的珠三角地区来看，通过流转方式使用农村集体建设用地的超过集体建设用地的50%，在粤东、粤西及粤北地区这一比例也超过20%。农用地流转发生率最高的地区也不过20%，而集体建设用地在华南地区流转率较低的粤西也达到了20%。集体建设用地流转发生率过高，必然暗藏流转发生的盲目性。据了解，许多地区为了获得更多的集体建设用地，以各种名义申报乡镇企业，以获得在集体土地上把农用地转为集体建设用地，然后再以企业兼并、改造等形式使集体建设用地符合合法流转的手续，而实际上，仅仅是为了把农用地转为集体建设用地，再把该土地用于入股或者租赁，赚取经营效益。当然，这种现象多发生于经济发达地区。同时，在集体建设用地使用权流转发生频繁的地区，其流转的规范性也比较弱，大多数情况下都没有规范的合同或者相关的法规保障流转的有序进行。由于流转没有合同和相关法律法规作保障，集体建设用地流转的纠纷也相对较多，而且裁定难度大，不利于集体资产和农民利益的保护。

2. 流转市场、价格体系不完善

目前我国农村集体建设用地无偿使用，这无疑增加了农村宅基地的需求。而城市土地有偿使用，必然造成城市土地使用者向农村蔓延，扰乱了城市土地市场，并会加大对城市周围土地的占用。再加上区域土地价值差异，造成城市周围尤其是大城市周围人口过分密集，加重了大城市的负担，又不利于小城镇的发展。而且，几十年土地无偿使用的心理积淀使人们对土地产权的观念极其淡薄。在调查中发现，农民对土地权属问题认识不够，混淆了土地所有权和使用权，潜意识里认为地上物属于谁，土地就归谁使用，土地产权就归谁，谁就有权处理土地，所以流转时也无须办理什么合法的用地手续。现实的原因与利益驱动紧密相关，当人们认识到土地的资产价值，认识到通过流转可以获得巨额收益时，交易的积极性被极大地调动起来，于是"隐形"土地市场规模急剧扩大。"土地隐形市场禁而不死，打而不死"是土地市场中存在的首要问题。

当前，我国集体建设用地流转的形式主要有乡镇企业合并改组、乡镇企业以地入股、企业间债务以地抵债、闲置土地的出租和随农民住宅转让及出租等。不管是哪种原因、何种形式流转的集体建设用地都涉及一个核心问题，就是当前的农村集体建设用地没有一个合法合理的价格体系，在集体建设用地使用权发生流转的时候，没有一个标准可以给流转的集体建设用地估算一个价格，同时流转市场体系不健全，暗箱操作多。尽管现在一些地区以同地同价的方式给集体建设用地定价，但是这个价格体系并没有得到国家相关法律法规的认可，一旦发生司法纠纷，得不到应有的保障。

3. 流转收益分配不合理

我国现在尚无集体建设用地使用权流转的较完整的法律法规，使用权流转的形式等也没有规范的指导，同时由于我国农村集体土地的产权模糊，导致了农村土地流转后的收益分配混乱。有的地方法规规定了收益分配的大方向。比如广东省出台的《集体建设用地使用权流转管理办法》规定了集体建设用地使用权流转收益的 50% 以上必须存入银行（农村信用社）专户，专款用于本集体经济组织成员的社会保障安排，不得挪作他用，但另外的 50% 怎么分配，没有一个明确的规定。有的地方规定集体建设用地使用权流转的收益归集体经济组织所有，而集体经济组织到底怎么来支配这笔收益却没有明确规定。因为这笔收益不可能一直存在银行不动用，而且如果由集体经济组织来保管这笔收益，还存在一个保值增值的问题。因此，如何使用集体建设用地流转收益是问题的关键所在，而这个问题在这种体制下没有得到应有的解决。

4. 流转违法现象突出

《土地管理法》、《农村土地承包法》、《国务院关于深化改革严格土地管理的决定》、《国务院关于加强土地调控有关问题的通知》等法律法规，对土地权属管理、土地用途管制、耕地和基本农田保护、建设用地供给等涉及农村土地流转和规模经营的重大问题，都有明确的规定和要求。但农村宅基地流转，从流转条件、范围、方式、期限、收益分配及流转后土地产权关系的调整等方面，均缺乏明确的法律法规及政策的规定和指导，这就增加了管理的难度。而且，大量宅基地流转私下进行，扰乱了市场的正常秩序。自发流转行为和结果不受法律保护，转让、出租后，无法律的约束和保障，双方一旦发生矛盾和纠纷，各执一词，往往会酿成重大社会案件，影响农村社会稳定。此外，各地利用集体建设用地建设小产权房的现象也是越演越烈。由于商品房价格飞涨，许多因城市化而由农村进入城市的居民买不起商品房，他们认为，即使小产权房有被收回的危险，但是能居住上 20 年也算够本、值得。因为对于买不起商品房的人来说，并没有想过要通过买房来进行投资，只要能解决自己的住宿问题，不用居无定所、搬来搬去就已经很满足了。于是，造成了城乡结合部的小产权房销售火爆，集体建设用地使用权违法流转现象严重。

5. 流转滞后于农村劳动力转移

随着经济的快速发展，大量的农村剩余劳动力外出务工，促进了农村经济的发展，但农村劳动力转移了出去，其农村宅基地并没有随其相应转移而进入市场流转，农村宅基地流转明显滞后于农村劳动力转移，两者发展不协调，从而加剧了农村宅基地的粗放利用。就全国范围来看，随着城市化进程的加快，自20世纪90年代以来，我国每年大约有1 500万农村人口成为城市居民。由于大批农村人口进城，在很多乡村地区出现了“空心村”现象。资料显示，我国东部发达地区农村中大约有5%~10%的农村家庭已经在省城、县城和众多的建制镇定居并购买了商品房。但他们在定居城镇的同时仍然保留和闲置着原有农村宅基地和地上房产，目前大约有1 200万宗宅基地和地上房产处于可转让但不能转让的闲置状态，这是一种巨大的浪费。

第三章

重庆新农村建设现状与问题

一、重庆市新农村建设的背景及意义

（一）农村经济快速发展的客观要求

改革开放以来，我国经济有了长足发展，经济总量和人均占有水平显著提高，工业化、城镇化、市场化、国际化步伐加快，并提出到2020年要建成惠及13亿人民的全面小康社会。但目前城乡发展、区域发展、收入分配不平衡等各种经济社会矛盾日益显现，已经影响到社会主义和谐社会的构建，而解决这些矛盾和问题最艰巨最繁重的任务在农村。农村人口众多是我国的国情，只有发展好农村经济，建设好农民的家园，让农民过上宽裕的生活，才能保障全体人民共享经济社会发展成果。“十五”期末，我国人均GDP突破1 000美元，总体上已进入以工促农、以城带乡的发展阶段。基于以上考虑，党的十六届五中全会提出要按照“生产发展、生活宽裕、乡风文明、村容整洁、管理民主”的要求，扎实推进社会主义新农村建设。

（二）城乡统筹发展的客观需要

2007年3月，胡锦涛总书记就重庆未来发展作了重要讲话，提出了“314”总体部署，要求重庆加快建设成城乡统筹发展的直辖市。“三大定位”，关键在农村；“一大目标”重点和难点也在农村；“四大任务”更是把新农村建设列在首位。胡锦涛总书记的重要讲话，既为重庆新农村建设指明了方向和目标，又为统筹城乡、推进新农村建设提出了路径和要求。城乡统筹发展的本质要求是消除城乡二元结构，缩小城乡差距，实现城乡协调发展。城乡统筹发展涉及内容极其丰富，是一项庞大的系统工程。城乡统筹发展需要通过新农村建设，进一步解放和发展农村生产力，促进农业农村经济社会快速发展，实现农村和城市共同繁荣。新农村建设是城乡统筹发展中“乡”部分实现又好又快发展的重要一环（蒋元文，2004），因此，重庆市加快城乡统筹发展需要以新农村建设为重要抓手。

（三）推进城镇化进程的必然需求

工业化、城镇化进程加快，为新农村建设创造了良好条件。成为直辖市以来，重庆发展提速，综合实力大幅跃升，工业化、城镇化进程快速推进，大城市带大农村的整体实力显著增强。2008年全市地区生产总值5 096亿元，同比增长14.3%，完成工业增加值2 036.40亿元，比上年增长19.8%，增幅比上年下降2.5个百分点；规模以上工业企业实现利润255亿元，比上年增长5 %，下降42.3个百分点，完成全社会固定资产投资4 045.25亿元，比上年增长28%。城市居民人均可支配收入15 708.74元，比上年增长14.5%；农村居民人均纯收入4 126.21元，比上年增长17.6%，城镇化率达到49.99%，同比增长1.69个百分点，总体上已初步具备了以工促农、以城带乡的综合实力。

近年来，在中央一系列具有里程碑和划时代意义政策措施的强力推动下，重庆市农村经济总量不断扩大，经济结构不断优化，农民生活水平显著提高，农村面貌发生深刻变化，为统筹城乡发展奠定了坚实的基础。直辖十年，农业农村主要指标实现了“三个翻番”、“两个减少”。截至2008 年，全市农村经济总量由480. 5 亿元增长到1 627 亿元，乡镇企业增加值由102. 9 亿元增长到1 500 亿元，农民人均纯收入由1 479 元增长到4 126. 21 元，累计转移农村富余劳动力778 万人。

(四) 重庆特殊市情的客观需求

重庆大城市、大农村、大库区并存，城乡二元经济结构突出，农村经济社会发展严重落后的特殊市情，决定了当前“建设城乡统筹发展的直辖市，在西部率先全面建成小康社会”的首要问题是“三农”问题，而解决这一问题必须加快推进新农村建设。一是农村面积广。重庆是我国人口最多、面积最大、以农业人口为主体、有着连片贫困地区和少数民族地区的特殊直辖市。2008 年，全市农村面积占97% 以上，农业户籍人口占总人口的74. 6%。农业生产的自然条件和基础较差，山地丘陵面积占75% 以上；人均水资源和耕地资源占有量分别是1 479 立方米和0. 75 亩，仅为全国平均水平的3/4 和1/2。二是农业比重大。2008 年，全市农村经济总量中一、二、三次产业增加值比为36. 7 : 39. 4 : 23. 9，农民的第一产业经营收入占农民家庭经营收入比重高达92%。传统农业的烙印较深，尚未摆脱粗放型的经营方式、短链型的生产模式，其中武陵山区和三峡库区表现得尤为突出。三是农业产业支撑弱。农村产业规模小、布局散、竞争弱，产业优势不明显，产业链条不完整，产品加工不精深，农村的劳动生产率不高，农业的比较效益低，支撑农民收入的支柱产业还没有真正形成。四是农民收入低。重庆市农民收入一直低于全国平均水平，尤其从2003年到2008年连续六年增长速度低于全国平均水平。2008年重庆市农民人均纯收入为4 126.21元（全国农民人均纯收入为4 761元），为全国水平的86.66%。五是城乡差距大。2008年，全市尚有1 100万农村人口饮水安全问题没有解决，享受自来水的农村居民只占农村总人口的22%，城乡居民收入比高达3.48：1，公共服务和社会保障等隐性差距更大，全市统筹城乡发展的任务十分繁重。

二、重庆市新农村建设的现状分析

（一）建设现状

1. 主要经济指标持续稳步增长

2006年全市农村经济总量达到1 220亿元，为1996年的2倍；农业增加值达到428亿元，为1996年的1.5倍；乡镇企业增加值由1996年的102.9亿元增长到2006年的800亿元，增长了6.7倍；农民收入由1996年的1 479元增加到2006年的2 874元，10年农民收入翻了近一番。

2. 农民生产生活条件不断改善

随着农村基础设施建设的不断加强，农业综合生产能力的不断提高，农民生产生活条件得以改善。完成了一批大中型水库建设和小微型水利设施建设，到2006年全市有效灌溉面积达932.5万亩，占总耕地面积的30.3%，完成中低产田改造和农业示范工程607万亩，整治病险水库686座，农业耕种收综合机械化水平达到11%，解决了209.3万人饮水困难和158.8万人饮水安全问题；完成营造林2 398万亩（含生态建设1 457万亩），森林覆盖率达到32%；农村公路总里程达到9.4万千米，所有乡镇和59.6%的行政村已通公路。

3. 扶贫攻坚取得阶段性成果

坚持实施开发式扶贫方针和集团式扶贫方式，举全市之力大打扶贫攻坚战，20 个贫困县如期于 2000 年年底成建制越温达标。绝对贫困人口由直辖初的 366 万下降到 2006 年的 53 万，18 个重点县贫困区县农民人均纯收入由 1997 年的 1 097 元增加到 2006 年的 2 277 元，净增 1 180 元。

4. 农村社会事业明显进步

全市普及了九年义务教育，消除“普九”历史欠债，农村义务教育“两免一补”政策全面落实，388. 5 万所小学、初中和特殊教育学校学生免除了学杂费，43. 3 万名农村家庭困难女童实现零费用入学，为 110 万名学生免费提供教科书，为 19 万名农村学校寄宿生补助生活费。新型农村合作医疗实现了全覆盖，有 1 800 万名农民参加农村新型合作医疗保险，20 个区县 45 万人参加了农村社会养老保险；全面建立了农村最低生活保障制度。

5. 新农村建设开局良好

中央作出推进社会主义新农村建设的重大决策后，市委、市政府对全市新农村建设提出了总体思路，进行了全面部署。组织开展了广泛动员和宣传培训，明确了领导机构，建立了推进体系，编制了示范村和推进村规划，全面启动了“千百工程”建设，并取得了明显成效。全市新农村建设的良好氛围初步形成，新农村建设已经逐步成为落实城乡统筹方略的有效载体，成为贯彻党的亲民惠农政策、密切党群干群关系的桥梁纽带，成为整治农村人居环境、改变农村旧貌的有力抓手，成为动员和组织农民建设美好家园的一面旗帜。

（二）建设思路

2006 年，在中央作出推进新农村建设的重大决策后，重庆市委、市政府高度重视，召开了从市到村的四级干部座谈会，广泛听取和征求意见建议，确立了统筹城乡推进新农村建设的总体思路，提出了按照“工业反哺农业、城市支持农村”和“多予少取放活”的基本方针，以“千百工程”为龙头，以“三建、四改、五提高”为主要内容的现阶段工作思路。“千百工程”是根据重庆大城市、大农村、大库区并存，农民收入低，地区间经济发展不平衡等基础市情，采取局部试点、重点示范的方式，选择1 000个村先行推进（即推进村），其中选择100个村进行试点示范（即示范村）。“千百工程”还把中央新农村建设的“生产发展、生活宽裕、乡风文明、村容整洁、管理民主”的要求细化为“三建”“四改”“五提高”12项具体建设任务。“三建”即建优势特色产业、建基本农田、建公共服务设施，突出了新农村建设中产业发展、基础设施和社会事业三个重点；“四改”即改路、改水、改房、改环境，体现了新农村建设要着力解决农村群众最基本、最急需的“水、路、电、气”等实际问题；“五提高”即提高农民收入、提高农民素质、提高社会保障能力、提高乡风文明程度、提高民主管理水平，这是新农村建设的重要任务和基本目标。

（三）建设目标

按照中央新农村建设“生产发展、生活宽裕、乡风文明、村容整洁、管理民主”的要求，结合全市新农村、城乡统筹建设任务，合理确定重庆市新农村建设目标，力争到2012年，农业增加值达到570亿元；土地规模经营集中度“一小时经济圈”达30%以上，“两翼”达到20%以上；农民人均纯收入在现有基础上翻一番以上，城乡居民收入差距缩小到3：1；新改造中低产田305万亩，人均旱涝保收面积达到0.3亩；解决800万农村人口饮水安全问题，基本解决城乡饮水安全问题；农村户用沼气池覆盖率占适宜户的60%；100%乡镇、60%建制村通油路（水泥路）。基本形成城乡一体的农村公路网络、电力通信网络和广播电视网络，基本建立城乡接轨的社会保障体系，使广大农民受教育程度和农村医疗水平进一步提高，基层民主和精神文明建设得到进一步加强，全市农村政治建设、经济建设、文化建设、社会建设和党的建设全面进步，新农村建设取得明显的阶段性成效。

(四) 建设示范村标准

(1) 产业发展。有1~2个支撑农民收入的支柱产业；农村合作经济组织农户参合率达到50%以上。

(2) 生产条件。人均有0.5亩以上能排能灌的基本农田；农业耕种收机械化水平每年提高2%以上。

(3) 收入水平。农民人均纯收入都市经济发达圈、渝西经济走廊、三峡库区生态经济区（含渝东南地区）分别达到6 000元、5 000元、4 000元以上；80%以上农户有较稳定的增收来源。

(4) 人居环境。村落布局合理，户户通电、通自来水、通电视；相对集中的居民点有一个晾晒休闲的院坝和垃圾处理点；农户有单独卫生的厨房和厕所；农民住房砖混结构达到85%以上；房前屋后无淤泥、无垃圾、无粪便、无污水；美化绿化村落环境。

(5) 农民素质。实现高质量“普九”；未继续升学的中学生培训率达80%以上。

(6) 农村道路。通村公路油化或硬化；主要生产、生活道路硬化（含石板路）。

(7) 社会事业。按学校布局规划建好村小学，有村“两委”办公室、村卫生室、村文化活动室和“五保家园”；计划生育率达到95%以上。

(8) 农村社保。农村新型合作医疗参保率达到85%以上；

建立农村养老保险和最低生活保障制度，应保尽保；“五保户”集中供养率达到90%以上。

（9）文明风尚。有村规民约；无重大刑事案件、无重大安全事故、无群体性事件；村民对治安状况满意率达到95%以上。

（10）民主政治。村“两委”班子和谐；村级公益事业实行“一事一议”民主决策；设有公开栏，实行党务、村务、政务、财务“四公开”；村民对村“两委”班子的满意率达到85%以上。

（五）建设成果

1. 农民增收渠道不断拓宽

一是农业骨干产业不断壮大。全市已建成优质农产品基地1 046万亩，逐步形成了优质粮油、柑橘、生猪、中药材、草食牲畜、蔬菜、榨菜、林品等10大产业链，重庆柑橘、重庆劳务等品牌日益响亮。二是农业龙头企业在成长。市级农业龙头企业已发展到159家，新建了7个小企业创业基地，入驻企业172户，安排农民工就业12 497人。三是农业组织化程度在提高。全市农村合作经济组织已达8 534个，其中示范村建起93个，有5个农村专业协会受到财政部、中国科协的表彰、奖励。

2. 农村基础设施不断完善

在新农村建设中，切实加大农村基础设施建设，着力改善农村的生产生活条件。到2007年9月，完成了一批大中型水库、小微型水利设施建设，整治病险水库686座，有效灌面达932.5万亩，占耕地的30.3%。改建了90个乡镇供水站，解决了农村209.3万人的饮水困难和158.8万人的饮水安全问题。改建新建公路12 263千米，农村公路总里程达9.4万千米，修建农村人行便道7 460千米。完成中低产田改造和农业示范工程607万亩，农业机械化水平达到11%。累计退耕还林1 487万亩，森林覆盖率达32%。解决了10多万缺电农户的用电问题。大力实施生态家园富民工程，新修沼气池10万多口，农村村级公共服务中心已建成1 000个。

3. 农村社会事业不断发展

2007年重庆市已新建改建农村普通高中55所、农村寄宿制小学553所、初中447所。农村义务教育“两免一补”政策全面落实，为388万学生免除了学杂费，40多万农村家庭困难女童实现了零缴费入学，实现了教育“两基”目标。农村文化阵地建设进一步加强，“万村书库”工程加快推进，广播电视“村村通”工程全面完成，农民体育健身工程继续推进。除渝中区外，农村新型合作医疗实现全覆盖，参合农民1 807.17万人，参合率达76.88%，45万人参加了农村社会养老保险。新建、改扩建乡镇敬老院、五保家园，散居五保老人开始入住。全面建立了农村最低生活保障制度，已确定低保对象69.12万人，占农业人口的3%，支付低保金1.4亿元。城乡医疗救助制度基本建立，有36个区县出台了实施办法，已救助136.59万人次，支付救助金1.06亿元。农村扶贫取得明显成效，解决了11万农村绝对贫困人口的温饱问题。

4. 农村人居环境不断改善

新农村建设激发了农村居民改善生活环境、建设美好家园的热情，促进了农村面貌加快改善。2007年全市硬化农村院坝261.1万平方米，改造新建房屋38 488处，新建沼气池35 606口，单独改厕1万户。其中示范村硬化院坝24.8万平方米，改造新建房屋4 308处，新建沼气池4 858口。环保、农业等部门着手实施土壤重金属污染和畜禽养殖污染治理等项目，特别注重解决农村面源污染问题。林业部门开展了“创绿色家园，建富裕新村”的活动，力争用3年时间使示范村、推进村的林木覆盖率达到40%以上。市建委投入1 502万元实施了农村 100 个集中居住点环境整治和 234 个集中居住点人行道建设项目，投入 4 420 万元实施了中心镇道路、路灯、绿化等项目。市民政局农村新型社区建设示范项目在 13 个区县加紧实施。通过制定完善“村规民约”，开展美德进农家、破除陈规陋习、建设文明村镇、争当文明家庭等创建活动，农村“脏、乱、差”现象有了较大改观，农村的生产生活方式正在潜移默化地改变，健康文明的精神风貌正在逐步形成。如武隆县针对少数农户不注重环境卫生，农闲时又特别喜欢赌博等陋习，在巷口镇黄渡示范村开展了“十星级农户”和“十星级党员户”的评比活动（甘立志，2008）。

5. 农村基层组织不断构筑

全面实施村级党组织“强基工程”，公开选拔了 1 000 名优秀人才到“千百工程”建设村任党支部书记，并从机关企事业单位选派了 18 784 名优秀年轻干部到村任职，选派了 10 780名农技干部到村担任新农村建设指导员。培养了 6 000 名能人入党。全市 6 800 个村达到了“一村一技”村级班子配备目标。农村民主政治建设在进步，基层组织建设出现了新气象，广大农民群众对基层组织的信任感明显增强。

6. 示范带动效应不断凸显

通过实施“千百工程”，不但示范村、重点建设片区自身的基础设施得以完善、骨干增收项目得以形成、人居环境得以改变、乡风文明得以塑造、民主管理取得进步，而且示范地区的人气聚合能力得到提升，建设新农村的说服力明显增强，对周边的自然带动作用也日益显现。如开县福城村拉动了周围长沙、狮寨等村的新农村建设。大足区向宝顶—油亭公路沿线辐射，新修公路 29. 5 千米，硬化人行便道 89. 9 千米，清理排水管道 2 057 米，建垃圾集中处理点 85 处。北碚区向水土—静观公路沿线辐射，渝北区张关、武隆县仙女山、大足区古龙向整镇整乡辐射。

三、重庆市新农村建设的问题

（一）农村优势产业弱，难以支撑农民增收

重庆市农业产业优势不突出，支柱产业不强，精深加工不够，劳动生产率不高，比较效益较低。2007 年全市农产品加工转化率仅为 28%，低于全国 35% 的平均水平，绝大多数产业还停留在卖原料的阶段，产业增值空间十分有限，促进农民收入增加的农业内在潜力挖掘不够。特别是农村第二、三产业发展严重滞后，很多乡镇非农产业空虚，提供农村劳动力转移就业的岗位少，农村劳动力输出的外部空间也十分有限，广大农民面临着“人往哪里去，钱从哪里来”的严峻问题。

（二）农村土地经营规模小，难以提高农业效益

2007 年，全市农民劳动力人均占有常用耕地 1.53 亩，户均耕地面积仅 3 亩，为全国的 1/2，小规模的生产经营难以产生高收益。从具有一定优势的柑橘产业来看，基地总体规模仅有 175 万亩，并分布于 38 个区县 341 个乡镇，平均每个区县只有 4.61 万亩，规模小，优势不突出；生猪产业规模养殖农户只有 3.74 万户，占全市农户的 5.2‰，规模养殖出栏量 554 万头，只占出栏总量的 28%，这种较为分散的经营模式很难取得规模效益。

（三）农民收入低，难以发挥主体作用

直辖以来，全市农民收入持续增长，但广大农民的收入增长水平明显低于全市国民生产总值（GDP）增长速度和城市居民收入增长幅度，明显低于西部地区先进水平和全国平均水

平。除1997年和2004年，其余年份农民人均纯收入增幅比全市GDP增幅平均低3个百分点左右；2008年重庆市农民人均纯收入为4 126.21元（全国农民人均纯收入4 761元），为全国水平的86.66%。广大农民的收入水平大多只能维持简单再生产，在新农村建设中自主投入的能力十分有限，新农村建设的主体作用难以发挥。

（四）“三农”投入少，难以满足新农村建设的需要

虽然各级党政高度重视“三农”工作，各级财政对“三农”的投入不断增加，但由于财力所限，全市“三农”投入总量小、增长慢，农业投入占财政支出的比重较低。加之金融投入比较困难，农村大量储蓄资金外流，社会资金投入规模不大，农民自身投入实力很弱。投入严重不足，成为统筹城乡、推进新农村建设的重要制约因素。

（五）农村公共服务差，难以适应城乡统筹发展要求

2007年，全市农业农村基础设施建设严重滞后、欠账较多，农业的水利化、机械化程度不高，土地产出率较低，中低产田土占耕地总面积的比例高达80%，人均旱涝保收耕地面积仅为0.2亩，比全国0.5亩的平均水平低60%。农村路、水、电、气等公共基础设施严重不足，乡镇公路硬化（油化）率只有59%，行政村公路通畅率仅20%，自来水入户率不到30%。16~60岁的常住人口平均受教育年限仅为7.6年，比城市低4.1年，文盲、半文盲和小学文化的比重达58.8，每百名农村劳动力中有技术职称的不足1人，大大低于全国平均水平。这一现实状况背离了城乡公共服务均等化原则（袁铖，2008），离城乡统筹发展要求差距尚远。

第四章

重庆市农村土地流转研究

一、重庆市农村土地流转的基本情况

（一）农用地流转

1. 农用地流转的总体概况

截至2006年年底，重庆市农村承包土地经营权流转总面积为217.39万亩，占全市农村承包耕地总面积1 995万亩的10.84%，与2003年相比增加了1倍以上；涉及39个区县（不包括渝中区，下同）、86.35万农户，占承包耕地农户总数693万户的12.46%。截至2008年年底，全市农村土地承包经营权流转总面积497.8万亩，较上年增长55.4%；占农户承包耕地总面积的25.3%，比上年提高9.4个百分点；流转占比高于全国平均水平16.4个百分点，仅次于上海市和浙江省，居第三位。

来自农业部2006年年初的统计数据显示，重庆农村土地流转绝对面积占全国流转总面积的2.4%，排全国第十四位，西部第二位；流转比例高于全国平均水平，在全国排第十位，西部第二位。总体上，重庆农村土地流转无论是数量上还是流转比例上均在全国处于中上水平，在西部处于相对领先水平。

2. 农用地流转的空间分布

重庆大城市与大农村并存的城乡二元经济和区域格局的特殊市情，决定了不同区域农业资源条件和经济社会发展水平各不相同，农业规模经营和产业发展水平参差不齐，政府和农户对农村承包土地经营权流转的认识也有不同，因此造成不同区域农村土地流转的规模和比例各不相同，呈现明显的区域空间分布不平衡态势。

（1）“一圈两翼”层面

截至2006年年底，1小时经济圈内农村土地流转总面积为122.87万亩，占区域内承包耕地总数的11.32%，涉及农户48.11万户。在转包、出租、转让、互换和入股五种农村土地流转形式中，比例最高的是转包，占42.13%；其次是出租和转让，分别占23.76%和20.97%；最低的是入股，仅占0.94%；较低的是互换，占8.36%（邱道持，2008）。截至2008年，1小时经济圈内农村土地流转总面积为268.43万亩，占区域内承包耕地总数的25.53%。其中，比例最高的是出租，其次是转包，分别占到45.69%和29.25%；最低的是转让，仅占4.17%。与2006年相比，流转面积大幅增加。其中，出租形式的流转所占比例大幅增加，主要原因是大量外出务工的农民既不想失去土地又想从中获取利益而将土地出租。

截至2006年年底，“渝东北翼”农村土地流转总面积为78.18万亩，占区域内承包耕地总数的10.93%，涉及农户32.89万户。在转包、出租、转让、互换和入股五种农村土地流转形式中，比例最高的是转包，占64.76%；其次是转让和出租，分别占12.56%和11.00%；最低的是入股，占1.25%；较低的是互换，占8.56%。截止到2008年，“渝东北翼”农村土地流转总面积为174.14万亩，占区域内承包耕地总数的25.80%。在转包、出租、转让、互换和入股等农村土地流转形式中，比例最高的是转包，占 46.66%；其次是出租和转让，分别占 25.32% 和 9.31%；最低的是互换，占 4.83%。与 2006 年相比，该区域土地流转面积翻了一番，流转形式变化不大。

截至 2006 年年底，“渝东南翼”农村土地流转总面积为 16.34 万亩，占区域内承包耕地总数的 4.89%，涉及农户 5.34 万户。在转包、出租、转让、互换和入股五种农村土地流转形式中，比例最高的是转包，占 39.66%；其次是出租和转让，分别占 29.75% 和 17.08%；最低的是入股，占 2.60%；较低的是互换，占 10.89%。截止到 2008 年，“渝东南翼”农村土地流转总面积为 55.19 万亩，占区域内承包耕地总数的 17.28%。在转包、出租、转让、互换和入股等农村土地流转形式中，比例最高的是出租，占 40.04%，其次是转包，占 39.10%，最低的是入股，占 5.45%。与 2006 年相比，流转面积大幅增加，形式以出租为主。

（2）区县层面

在重庆 39 个区县（不包括渝中区，下同）中，2006 年农村承包土地流转面积排在前三位的是忠县、江津和大足，分别为 19.13 万亩、18.19 万亩、15.00 万亩；排在后三位的是大渡口、万盛和双桥，仅为 0.03 万亩、0.24 万亩和 0.25 万亩。2008 年，全市农用地流转面积有所变化，排前四位的是合川区、江津区、开县、忠县，分别为 33.20 万亩、29.30 万亩、26.17 万亩、26.07 万亩；排名最低的是双桥、大渡口和江北，仅为 0.38 万亩、0.56 万亩、0.90 万亩。2006 年，农村承包土地流转面积占承包耕地面积比例排前三位的是忠县、大足县、九龙坡区，分别为 24.51%、23.81%、20.26%；排在后三位的是大渡口、城口和彭水，分别为 1.05%、1.35% 和 1.60%。2008 年，前三位变为双桥、南川、忠县，分别为 38%、36.93%、34.97%；后三位为酉阳、九龙坡和武隆，分别为

12.47%、12.22%、13.96%。由此不难看出，随着经济的发展，重庆市土地流转各区县区域分布随着时间的推移发生了较大的变化（见表4－1～表4－4、图4－1、图4－2）。

表4－1　2006年重庆各区县农村土地流转情况统计表

区县	流转总量（亩）	涉及农户（户）	占承包面积比例（%）	按比例在全市排位
1小时经济圈	1 228 748	481 138	11.32	I
大渡口区	250	402	1.05	39
江北区	11 543	5 624	16.56	7
沙坪坝区	20 681	15 873	11.20	17
九龙坡区	38 619	20 104	20.76	3
南岸区	11 271	3 272	13.75	12
北碚区	33 306	18 998	12.21	14
万盛区	2 392	1 150	2.15	35
渝北区	22 837	12 571	4.90	29
巴南区	61 956	30 932	10.11	21
双桥区	2 450	716	17.50	6
江津区	181 946	59 827	18.26	5
南川区	63 265	19 273	11.58	15
合川区	114 392	43 114	9.69	22
永川区	103 277	39 681	14.88	8
綦江县	95 715	35 380	11.53	16
潼南县	78 182	30 062	10.57	19
铜梁县	24 060	17 768	3.81	33
大足县	150 020	52 816	23.81	2
荣昌县	26 430	12 086	4.65	30

表4－1(续)

区县	流转总量（亩）	涉及农户（户）	占承包面积比例（%）	按比例在全市排位
璧山县	83 999	24 000	19.17	4
涪陵区	60 011	21 194	6.15	26
长寿区	42 147	16 295	6.98	24
渝东北翼	781 800	328 908	10.93	Ⅱ
万州区	129 914	66 944	13.95	11
梁平县	84 590	28 196	14.56	9
城口县	4 521	1 330	1.35	38
丰都县	46 724	11 331	6.85	25
垫江县	62 081	23 216	14.47	10
忠县	191 260	71 130	24.51	1
开县	100 167	50 470	12.70	13
云阳县	25 529	38 102	3.04	34
奉节县	75 200	11 875	10.12	20
巫山县	11 564	4 238	2.29	36
巫溪县	50 249	22 076	9.31	23
渝东南翼	163 379	53 405	4.89	Ⅱ
黔江区	20 382	6 319	4.11	32
武隆县	25 976	1 995	5.48	27
石柱县	22 065	10 722	5.27	28
秀山县	51 785	23 229	10.63	18
酉阳县	31 285	5 200	4.33	31
彭水县	11 886	5 940	1.60	37
全市合计	2 173 927	863 451	10.84	—

表4－2　2006年重庆市各大区农村土地流转情况一览表

项目		重庆市	1小时经济圈	渝东北翼	渝东南翼
流转总面积（万亩）		217.39	122.87	78.18	16.34
流转比例（%）		10.84	11.32	10.93	4.89
涉及农户数（万户）		86.35	48.11	32.89	5.34
转包	流转面积（万亩）	108.88	51.77	50.63	6.48
	所占比例（%）	50.33	42.13	64.76	39.66
出租	流转面积（万亩）	43.94	29.19	9.89	4.86
	所占比例（%）	20.31	23.76	12.65	29.75
转让	流转面积（万亩）	37.16	25.77	8.60	2.79
	所占比例（%）	17.18	20.97	11.00	17.08
互换	流转面积（万亩）	18.75	10.28	6.69	1.78
	所占比例（%）	8.67	8.36	8.56	10.89
入股	流转面积（万亩）	2.55	1.15	0.97	0.43
	所占比例（%）	1.18	0.94	1.25	2.60

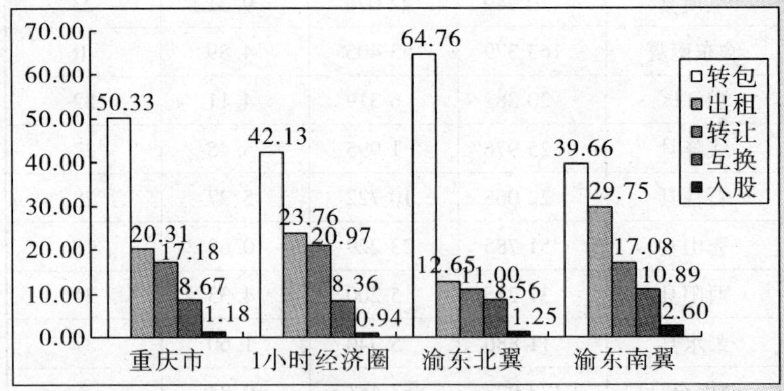

图4－1　2006年“一圈两翼”农村土地流转规模空间分布图

表 4-3　2006 年重庆各区县土地流转形式分布表

（单位：亩，%）

区县	转包		出租		转让		互换		入股	
	面积	比例	面积	比例	面积	比例	面积	比例	面积	比例
1 小时经济圈	**517 664**	**42.13**	**291 921**	**23.76**	**257 720**	**20.97**	**102 756**	**8.36**	**11 530**	**0.94**
大渡口区	0	0.00	250	100.00	0	0.00	0	0.00	0	0.00
江北区	1 372	11.89	8 789	76.14	425	3.68	20	0.17	928	8.04
沙坪坝区	3 481	16.83	16 105	77.87	0	0.00	1 128	5.45	0	0.00
九龙坡区	683	1.77	34 070	88.22	287	0.74	346	0.90	3 233	8.37
南岸区	1 563	13.87	8 496	75.38	535	4.75	653	5.79	25	0.22
北碚区	4 992	14.99	18 923	56.82	247	0.74	4 606	13.83	1 075	3.23
万盛区	2 171	90.76	98	4.10	119	4.97	4	0.17	0	0.00
渝北区	5 757	25.21	15 537	68.03	714	3.13	348	1.52	481	2.10
巴南区	14 690	23.71	36 358	58.68	7 851	12.67	3 011	4.86	46	0.07
双桥区	286	11.67	1 368	55.84	159	6.49	637	26.00	0	0.00
江津区	106 534	58.55	20 205	11.10	28 388	15.60	26 133	14.36	311	0.17
合川区	21 532	18.82	29 193	25.52	58 563	51.20	4 805	4.20	343	0.30
南川区	27 460	43.40	8 880	14.04	21 358	33.76	4 804	7.59	763	1.21
永川区	46 164	44.70	4 456	4.31	8 278	8.02	9 341	9.04	1 915	1.85
綦江县	75 950	79.35	3 290	3.44	3 337	3.49	4 658	4.87	151	0.16
潼南县	21 800	27.88	10 520	13.46	34 457	44.07	10 014	12.81	1 391	1.78
铜梁县	10 321	42.90	6 790	28.22	5 041	20.95	1 908	7.93	0	0.00
大足县	73 223	48.81	19 197	12.80	45 894	30.59	11 689	7.79	17	0.01
荣昌县	19 493	73.75	4 168	15.77	1 049	3.97	1 140	4.31	20	0.08
璧山县	53 749	63.99	13 491	16.06	3 388	4.03	11 217	13.35	724	0.86
涪陵区	14 617	24.36	16 824	28.03	26 348	43.91	2 222	3.70	53	0.09
长寿区	11 825	28.06	14 914	35.39	11 282	26.77	4 072	9.66	54	0.13
渝东北翼	**506 312**	**64.76**	**98 907**	**12.65**	**86 001**	**11.00**	**66 904**	**8.56**	**9 745**	**1.25**
万州区	74 136	57.07	36 299	27.94	4 296	3.31	8 224	6.33	1 079	0.83
梁平县	66 868	79.05	4 918	5.81	7 082	8.37	4 524	5.35	1 198	1.42
城口县	2 197	48.60	291	6.43	1 685	37.26	348	7.70	0	0.00
丰都县	17 771	38.03	17 642	37.76	9 520	20.37	427	0.91	1 364	2.92
垫江县	13 312	21.44	13 409	21.60	29 458	47.45	1 692	2.73	3 080	4.96
忠县	188 009	98.30	415	0.22	256	0.13	2 108	1.10	472	0.25
开县	75 580	75.45	12 665	12.64	6 460	6.45	4 223	4.22	1 239	1.24
云阳县	12 589	49.31	5 160	20.21	1 890	7.40	5 552	21.75	0	0.00
奉节县	42 617	56.67	4 594	6.11	15 573	20.71	5 635	7.49	0	0.00
巫山县	3 964	34.28	1 204	10.41	2 829	24.46	2 254	19.49	1 313	11.35

表4－3(续)

区县	转包		出租		转让		互换		入股	
	面积	比例	面积	比例	面积	比例	面积	比例	面积	比例
巫溪县	9 269	18.45	2 309	4.60	6 952	13.84	31 917	63.52	0	0.00
渝东南翼	64 802	39.66	48 604	29.75	27 911	17.08	17 794	10.89	4 256	2.60
黔江区	8 592	42.15	6 915	33.93	3 541	17.37	980	4.81	345	1.69
武隆县	5 941	22.87	7 101	27.34	9 996	38.48	2 622	10.09	314	1.21
石柱县	8 128	36.84	7 987	36.20	636	2.88	5 314	24.08	0	0.00
秀山县	27 813	53.71	7 576	14.63	8 393	16.21	5 826	11.25	2 177	4.20
酉阳县	7 859	25.12	17 748	56.73	3 165	10.12	1 892	6.05	620	1.98
彭水县	6 469	54.43	1 277	10.74	2 180	18.34	1 160	9.76	800	6.73
全市合计	1 088 778	50.33	439 431	20.31	371 632	17.18	187 454	8.67	25 531	1.18

2006年重庆各区县农村土地流转中转包形式所占比重分布图

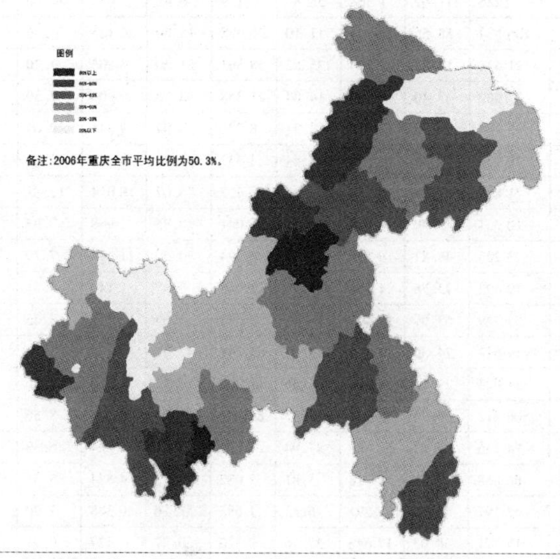

2006年重庆各区县农村土地流转中转让形式所占比重分布图

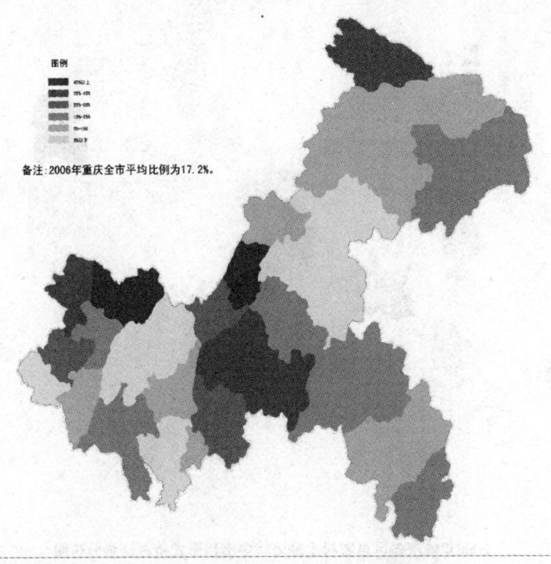

2006年重庆各区县农村土地流转中互换形式所占比重分布图

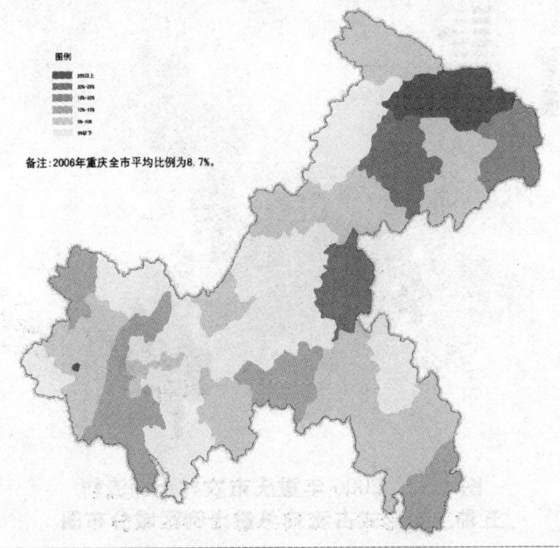

2006年重庆各区县农村土地流转中入股形式所占比重分布图

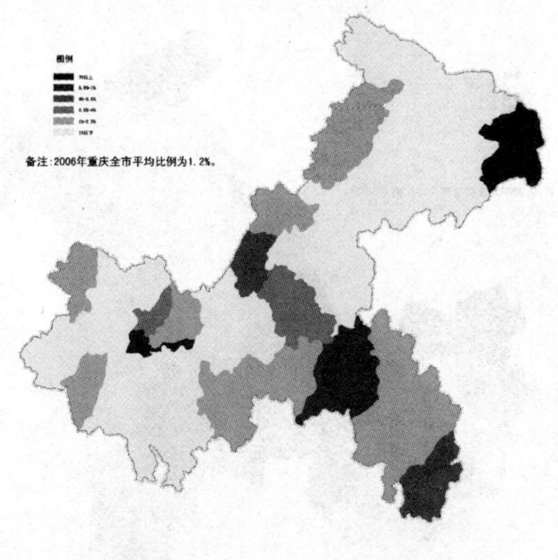

2006年重庆各区县农村土地流转中出租形式所占比重分布图

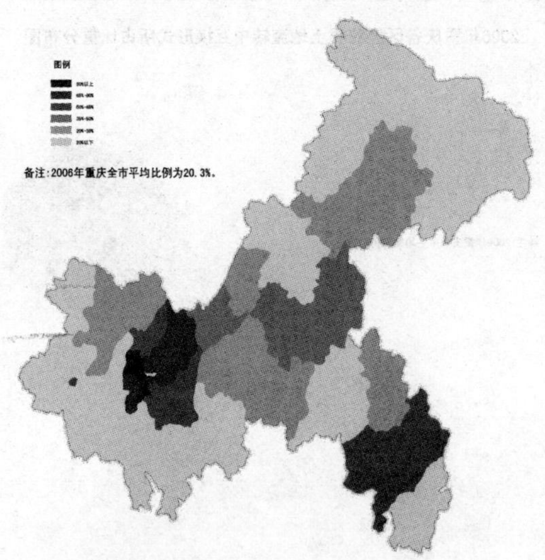

图4－2　2006年重庆市农村土地流转五种主要形式占流转总量比例区域分布图

表 4 - 4　　2008 年重庆市农村土地流转构成表

区域	区县	序号	家庭承包耕地面积	其中：流转面积						
				合计	转包	转让	互换	出租	入股	其他形式
合计			19 693 669	4 977 615	1 813 691	305 420	255 829	1 888 356	248 076	466 243
一小时经济圈	小计		9 751 086	2 684 263	785 074	111 960	141 299	1 226 354	129 607	289 968
	大渡口区	1	18 201	5 586	300	150	—	4 964	—	172
	江北区	2	44 087	9 035	100	—	6	8 883	46	—
	沙坪坝区	3	140 450	17 519	844	8	103	14 919	1 388	257
	九龙坡区	4	121 956	36 700	6 695	142	663	27 584	—	1 616
	南岸区	5	54 050	13 731	3 147	40	55	9 550	—	939
	北碚区	6	214 529	44 160	9 800	310	150	27 600	2 400	3 900
	渝北区	7	413 192	88 323	11 445	322	344	72 744	1 988	1 480
	巴南区	8	562 851	123 431	23 687	3 873	5 239	82 133	2 349	6 150
	万盛区	9	100 005	26 336	13 453	1 342	38	6 033	1 478	3 993
	双桥区	10	10 043	3 816	348	159	637	2 672	—	—
	江津区	11	896 816	283 013	44 375	8 874	20 464	202 287	7 013	—
	合川区	12	996 510	332 000	105 000	6 000	26 000	114 000	9 000	72 000
	永川区	13	751 125	220 725	76 486	7 758	559	105 157	9 957	20 808
	南川区	14	557 823	206 000	43 000	12 000	11 000	140 000	—	—
	长寿区	15	546 656	163 311	20 929	3	959	48 533	6 940	85 947
	涪陵区	16	780 036	172 000	15 800	10 900	13 600	94 600	5 500	31 600
	綦江县	17	729 728	184 321	98 524	5 531	22 713	28 309	5 449	23 795
	潼南县	18	706 877	183 910	103 774	12 618	13 005	39 116	933	14 464
	铜梁县	19	630 613	129 555	49 881	3 634	3 028	70 066	—	2 946
	大足县	20	629 240	201 357	20 057	33 900	12 500	68 228	66 672	—
	荣昌县	21	459 366	134 163	91 494	4	—	18 292	7 038	17 336
	璧山县	22	386 933	105 271	45 936	4 392	10 236	40 685	1 456	2 566
渝东北翼	小计		6 748 766	1 741 416	812 822	162 156	84 217	440 990	88 380	152 851
	万州区	23	853 401	198 849	107 700	2 180	2 135	75 161	8 670	3 003
	梁平县	24	600 708	151 710	91 600	12 800	2 800	42 700	1 600	210
	城口县	25	232 379	67 000	58 000	600	—	—	—	8 400
	丰都县	26	632 000	146 700	28 100	30 200	1 200	31 300	12 900	43 000
	垫江县	27	595 453	173 815	72 351	4 750	4 234	56 546	2 367	33 567
	忠县	28	745 472	260 663	61 716	50 652	11 888	109 409	15 720	11 278
	开县	29	766 263	261 733	166 483	6 777	5 664	48 812	13 422	20 577
	云阳县	30	538 700	147 500	82 200	12 800	3 000	35 400	12 400	1 700
	奉节县	31	873 439	175 926	84 708	26 606	12 803	26 909	15 600	9 300
	巫山县	32	446 058	46 290	25 925	5 081	2 543	4 233	5 701	2 807
	巫溪县	33	464 894	111 230	34 040	9 710	37 950	10 520	—	19 010
渝东南翼	小计		3 193 817	551 936	215 795	31 304	30 313	221 012	30 089	23 423
	黔江区	34	448 117	80 843	44 693	833	1 144	33 205	—	968
	武隆县	35	421 695	58 862	8 304	2 824	2 328	36 210	428	8 768
	石柱县	36	397 694	69 205	44 031	1 486	2 381	20 674	—	633
	秀山县	37	522 936	126 156	47 003	2 100	1 200	52 580	18 776	4 497
	酉阳县	38	726 427	88 779	23 489	7 627	2 848	43 742	5 820	5 253
	彭水县	39	676 949	128 091	48 275	16 434	20 412	34 601	5 065	3 304

3. 农用地流转的现状特点

（1）流转形式多样化

重庆农村土地流转的形式归纳起来主要有转包、出租、转让、互换和入股五种基本形式。转包，是指承包方将部分或全部土地经营权以一定期限转给其他农户从事农业生产经营。按转包时约定的条件，接包方对转包方负责。出租，是指承包方将部分或全部承包经营权以一定期限租赁给他人从事农业生产经营。出租后原土地承包关系不变，按出租时约定的条件承租方对承包方负责。转让，是承包方有稳定的非农职业或者收入来源，经承包方申请和发包方同意，将部分或全部承包经营权让渡给其他从事农业生产经营的农户，从而履行土地承包合同的权利和义务。互换，是指为便于耕作或者各自需要，对属于同一集体经济组织的承包地块进行交换，相应的土地承包经营权也得到交换。互换属于农户的自发行为，是土地流转早期比较流行的方式。入股是承包方之间为发展农业经济，以土地承包经营权为股权，自愿联合从事农业合作生产经营；其他承包方式的承包方将土地承包经营权量化为股权，入股组成股份公司或者合作社等，从事农业生产经营（邱道持，2009）。

2008 年，全市农村土地承包经营权流转总面积 497.8 万亩，较上年增长 55.4%；占农户承包耕地总面积的 25.3%，其中转包面积占流转总量的 36.5%，出租占 37.9%，转让占 6.1%，互换占 5.1%，入股占 5%，其他方式占 9.4%。近 3 年，转包的占比从 52% 下降到 36.5%，出租的占比从 23% 迅速上升到 37.9%，成为主要的流转方式。

（2）流转主体呈现多元化，农业效益增加

拓展农村土地流转经营主体范围，引导多元资本参与农村土地流转，推动农业产业招商引资，促进“资本进村”，缓解长期困扰农村发展的资本短缺问题；引进业主和企业，推动农业新模式、新品种、新装备、新技术和新机制的推广和应用，发挥市场导向作用和科技的第一生产力作用。与此同时，农村土地流转已不仅仅局限于农户之间，社会工商企业、产业化龙头企业、合作经济组织也参与了农村土地流转，逐渐成为农村土地流转的参与主体，农村流转参与主体多元化趋势凸显。特别是靠近城市的都市核心圈内农村土地，大约有60%流向农业产业化龙头企业，40%～45%流向了农业种养专业大户和农民专业合作经济组织。例如，2006年北碚区农村土地流转总量为33 306亩，占承包耕地面积的12.21%。其中，流转给种植大户8 406亩、养殖大户2 007亩、农业企业9 363亩和农村二三产业4 745亩，共计24 521亩，占整个流转面积的73.6%，形成参与主体的多元格局，并形成了五大优势产业、八大精品产业区。梁平县梁山镇八角村位于城郊，有农民648户2 128人，土地2 032亩，土地流转1 142亩，占56.2%，其中种植业920亩、养殖业121亩，引进各类业主32户，投资1 400多万元，有力地促进了该村的农业结构调整和产业发展。恒瑞养殖公司带动了20多户养鸭大户，还发展了花卉苗木基地，建立了平川茶厂，促进了农民增收。2006年该村实现农民人均纯收入4 000多元，成为远近闻名的富裕村和新农村建设示范村。对该村农户进行问卷调查，100%的农户都愿意“依法、自愿、有偿”流转土地。截至2006年年底，璧山县农村承包土地经营权流转总面积83 999亩，占多年全县农村承包耕地总面积386 799亩的21.72%，涉及13个乡镇，农户24 000余户，占承包耕地农户总数160 051户的15%，大大增加了当地农民的收入。

（3）流转行为规范化、市场化

政府对农村土地流转的引导力度逐步加大，使得农村土地流转的行为趋于规范。主要体现在：一是由过去以农户间、业主与农户间的自发流转为主向当前的政府和市场引导与自发并重转变；二是从低偿流转或无偿代耕向按市场规律的有偿流转转变；三是由过去口头协议的不规范流转向签订书面协议的规范流转转变。通过规范土地流转行为，一方面使农户获得稳定的土地流转收益，有效地保护了流转双方的权益，实现互利双赢；另一方面促进了土地规模集约化经营，减少土地撂荒，通过规模经营和产业发展，提高了土地的产出效益。2006 年，万州区通过引导或委托乡镇、村、社集体出面与企业（业主）签订流转合同面积 7.57 万亩，农户自行协商流转 5.42 万亩，引导流转与自发流转之比达到 60∶40。除农户间转包 2.79 万亩是无偿或低偿外，有偿或基本合理价位流转达到 88.3%。

此外，随着大量的社会工商企业、产业化龙头企业和合作经济组织等的不断参与，农民的市场意识和商品意识也不断增强，流转行为由被动变为主动，并将土地作为商品生产的生产资料流转，以便获取稳定且较高的收入。土地流转遵循市场规律来进行，体现了土地的现有价值和增值价值。但由于目前我国农村土地流转市场还处于雏形阶段，未能充分按照市场规律来进行，这在一定程度上影响了农民流转土地的积极性。

（4）流转纠纷逐年增加

随着农村土地流转的规范化、市场化，土地流转进程加快，流转纠纷也逐年增加。主要原因：一是土地流转时双方未签订流转合同或合同条款不完善，受国家政策影响（国家免除农业税和粮食、粮种补贴等惠农政策的实施），流转的一方受利益驱动单方面撕毁合同；二是未经抛荒农户同意，乡村集体组织私自进行流转，导致抛荒农户要求收回其承包地而引发纠纷；三是一些村干部未召开听证会，自行操作，对一些土地进行流转，侵害农民利益；四是随意改变土地承包关系，强制土地流转。

（5）流转与经济发展正相关，区域间呈梯度分布

从“一圈两翼”来看，“一圈”流转 268.4 万亩，占区域承包耕地面积的 27.5%；“渝东北翼”流转 174.1 万亩，占承包耕地的 25.8%；“渝东南翼”流转 55.2 万亩，占承包耕地的 17.3%。“一圈”的占比高于“渝东南翼”10 个百分点。从区县之间来看，流转面积超过 10 万亩的区县 24 个，其中合

川、江津、开县、忠县、永川、南川、大足7个区县超过20万亩；流转占比超过20%的区县有32个，其中双桥、南川等9个区县超过30%。

（二）农村集体建设用地流转

农村建设用地分为农村宅基地、乡镇企业用地、乡村公共设施和公益事业用地三类。截至2008年年末，重庆市共有农村建设用地770.5万亩，其中乡镇企业用地26.6万亩，占3.5%（废弃两年以上的7 155亩，占乡镇企业用地的2.7%）；乡村公共设施和公益事业用地164.2万亩，占21.3%；农村宅基地579.7万亩，占75.2%（空置两年以上的8.6万亩，占农村宅基地的1.5%）。重庆市有组织地开展农村建设用地流转始于2002年，2008年12月成立重庆市农村土地交易所后步伐有所加快。目前，农村建设用地流转主要有复垦置换，乡镇企业用地上的房屋转让、出租、抵押和农民自愿退出宅基地使用权三种方式，以前两种方式为主，后一种方式还处于探索试点阶段。2008年在15个区县开展以宅基地为主的农村建设用地复垦试点，年底验收项目37个，新增耕地近4 000亩，在农村土地交易所实现地票交易1 100余亩，均价约为8.5万元/亩。

二、重庆市农村土地流转现状典型调查分析

（一）调查概况

本次农村土地流转调查共发放农村土地流转调查问卷3 500份，回收2 359份，回收率为67.4%，有效问卷1 727份，有效率为73.2%，其中发生土地流转的共计424份，占

有效问卷的24.55%，未发生土地流转的共计1 303份，占有效问卷总数的75.45%。问卷设计包括27个问题，涉及被调查者家庭所在地区、家庭人口结构、家庭经济收入（包括农业与非农业收入）、土地流转现状，以及农民对农村土地流转的意愿等多方面，较为全面地涵盖了农村土地流转调查的基本内容，为进一步的数据分析奠定了基础。

（二）调查分析

1. 土地流转实现途径分析

调查结果显示，通过农民自己联系等非组织形式实现流转的比例高达91.72%，而通过流转市场进行土地流转的仅占0.92%，不到样本总数的1%。可以看出，目前的土地流转市场发育程度还很低，市场机制还不完善，缺乏必要的土地流转中介组织，市场信息传播速度慢，更多的是依靠转出人和承租人相互间的联系而实现土地的流转（见表4－5）。

表4－5　重庆市新农村建设土地流转的途径

实现流转的方式	自己联系	承租人联系	别人介绍	集体组织	流转市场	其他
所占比重	38.16%	25.52%	10.34%	17.70%	0.92%	7.36%

2. 土地转出后农民生活保障分析

从表4－6可以看出，土地转出后，71.45%的农民进行第二、三产业的生产活动，只有16.49%的农民选择继续进行农业生产。这表明农村土地的流转有利于实现农村劳动力的转移，推动农民由第一产业向第二、三产业过渡，加快农村第二、三产业的发展，繁荣农村经济。

表4－6　　土地转出后农民的生活保障来源

转让后生活保障来源	继续从事农业生产	外出务工	自主创业	投奔子女或其他亲戚	其他
所占比重	16.49%	49.89%	21.56%	4.02%	8.03%

3. 土地流转法律保障分析

据调查，63.83%的土地流转未签订流转合同，其中约81.41%的土地流转未进行公证。在未签订合同的土地流转中，51.01%的土地流转有口头协议，其中高达49.99%的土地流转甚至没有口头协议（见表4－7）。由此不难看出，土地流转工作不够细致，程序不规范，缺乏基本的法律保障，农民维权意识淡薄，为土地使用权纠纷留下了隐患。

表4－7　　土地转让的法律保障

<table>
<tr><td rowspan="4">是否签合同或协议</td><td>是</td><td rowspan="2">是否公证</td><td>是</td><td>18.59%</td></tr>
<tr><td>36.17%</td><td>否</td><td>81.41%</td></tr>
<tr><td>否</td><td rowspan="2">是否有口头协议</td><td>是</td><td>51.01%</td></tr>
<tr><td>63.83%</td><td>否</td><td>49.99%</td></tr>
</table>

4. 土地流转转向分析

调查表明，土地流转的主要流向为个人，即农户间的流转，流转给大户的为7.93%，而流转给经济组织的仅为8.62%。这表明现阶段农村土地流转的市场主要在农户与农户之间，只有少量土地流向企业、园区（农业）等经济组织（见表4－8）。由此看出目前土地流转还没能达到大规模集约利用的效果。

表4－8　　土地流转的流向

土地流向	大户	个人	园区（农业）	企业	集体	政府	其他
所占比重	7.93%	78.28%	4.14%	4.48%	1.38%	2.07%	1.72%

（三）影响土地流转的因素分析

1. 文化程度对土地流转的影响

农民文化程度的高低在一定程度上影响了土地流转的发生率。具有较低文化程度的农民，其土地发生流转的比率较低。农地流转的比率基本呈现随着文化程度的升高而升高的规律。主要表现在：第一，从总体上看，文化程度影响着土地流转的发生，随着农民文化素质的不断提高，农民对土地的依赖程度逐渐减弱。一是农民文化程度越高，所接收的信息以及拥有的资源越多，农民从事其他产业的愿望也越强烈，外出务工的意识也越明显，从而向经济更为发达、交通更为方便的地区集中，并从事以第二、三产业为主的生产活动。而相对于第一产业，由于土地的自然性以及农产品的特性，决定了农业产出的时间长效性、低效益性，使具有一定学历的农民更倾向于从事利润较高的非农产业。二是对于文化程度相对较低的农民来说，中国长期处于以农业为主的社会体制下，使农民形成了根深蒂固的“恋土”情结，深刻地认识到拥有土地的必要性和重要性，不愿离开土地。同时，由于文化素质较低，信息资源的来源范围较窄，生产意识和生产技术能力有限，从事第二、三产业有一定难度，使农民不得不依赖于土地，从事农业生产活动。第二，统计结果显示，在随着文化程度的提高、土地流转率增大的总体趋势下，存在着文盲的土地流转比率大于小学程度的农民的土地流转比率的情况（见表4－9）。究其原因，可能存在三方面的影响因素：一是源于被调查者中的文盲大多数年龄较大，已无心或无力耕种土地；二是被调查者年龄较大、文化程度低，易受其子女影响；三是源于具有小学文化的农民所处的年龄阶段比文盲低，具有较强的劳动能力，并且对土地普遍具有很强的情感。

表4-9　　文化程度与土地流转情况表

文化程度	发生流转	未流转	合计	流转比例	占未流转比例	流转率
文盲	13	28	41	3.08%	2.18%	31.71%
小学	115	453	568	27.25%	35.31%	20.25%
初中	194	572	766	45.97%	44.58%	25.33%
中专/高中	80	195	275	18.96%	15.20%	29.09%
大专以上	20	35	55	4.74%	2.73%	36.36%
合计	422	1 283	1 727	24.75%	100%	100%

2. 家庭人口结构对土地流转的影响

本次调研主要从家庭人数、劳动力人数、外出务工人数以及在校学生数四个方面来分析家庭人口对土地流转的影响。从图4-3可以看出，当家庭外出务工人数和在校学生数等于3时，土地流转的发生率最大，而劳动力人数为6~9时，土地流转发生率较大，当家庭人口数大于9时，发生率最大。其主要原因：首先，教育投资促进农村土地流转。教育成本是家庭支出中最为重要的一部分，当家庭在校人数等于3时，土地流转发生率最大，充分说明了家庭中在校学生的人数可以影响农村土地流转的发生率。当农户家中有较多在校学生时，家庭的教育投资必定会增大，而农业生产的产出和收益相对较低，不能满足教育开支的需要，因此农民会转入收益较高的第二、三产业，因而促进了农村土地流转的发生。其次，家庭人口越多，土地流转发生率越大，两者成正相关。随着家庭人数的增多，对生产资料的需求增大，土地的供给已不能满足整个家庭生产的需求，因而增加外出务工人数或增加土地扩大生产资料的供给以弥补家庭生产的不足，在此基础上进行土地流转。

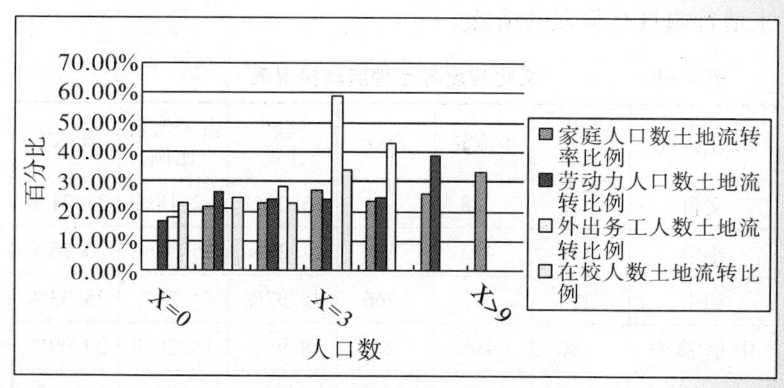

图4－3　家庭结构与土地流转示意图

3. 家庭人均农业收入对土地流转的影响

家庭人均农业收入是衡量家庭从事农业生产获取利益的经济指标。家庭人均农业收入直接反映了家庭对土地的投入和产出水平，同时也间接反映了农村土地流转的情况。人均农业收入小于1 000 元的家庭发生流转的比率为26.81%，而收入大于5 000 元的则为26.19%。从流转率来看，人均农业收入对土地流转影响十分显著（见表4－10、图4－4）。

首先，愿意转让土地使用权的农户，大部分是在非农产业上有稳定工作和收入的农户，这类农户通过转出土地的使用权不仅增加了自身的收入，还可以增强土地转入农户的就业和生活保障能力，这在一定意义上增加了人均耕地面积。据调查，农业人均收入低于1 000 元的农户且家庭人均经济收入多在2 000 ~8 000元之间的，占样本总数的70%。由此可以判断，农业人均收入低于1 000 元的家庭发生土地流转，是因为其有农业之外的其他生活来源。如果土地不进行流转，可能造成土地撂荒，是一种严重的资源浪费。

其次，家庭农作物收入大于5 000元时，家庭农作物产量在7 000斤以上的户数占了样本的64%，小于7 000斤的仅占36%（见图4-5）。可见，家庭农业人均收入大于5 000元的土地流转基本上以流入为主，其实现了土地的规模化、产业化经营。

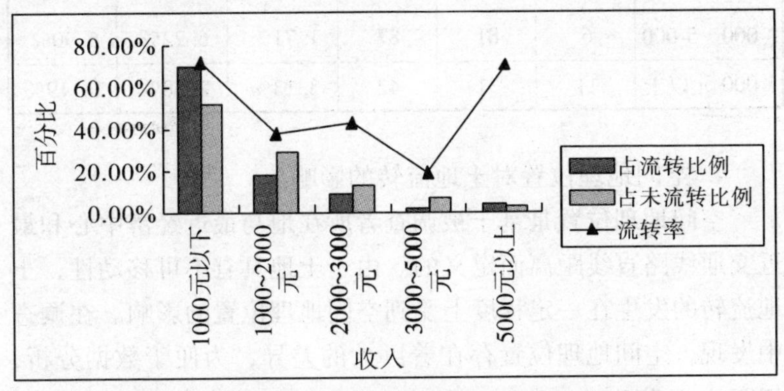

图4-4　家庭人均农业收入影响土地流转示意图

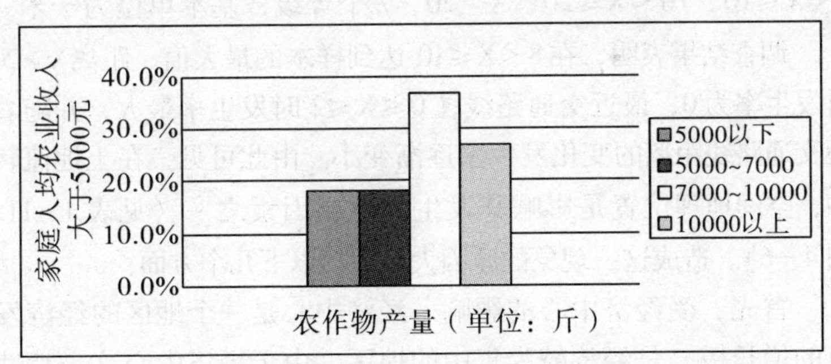

图4-5　家庭人均农业收入大于5 000元的农作物产量图

表 4－10　　　家庭人均农业收入与土地流转

家庭人均农业收入	发生流转	未流转	合计	占流转比例	占未流转比例	流转率
1 000 元以下	244	666	910	69.52%	51.11%	26.81%
1 000～2 000	60	367	427	17.09%	28.17%	14.05%
2 000～3 000	30	158	188	8.55%	12.13%	15.96%
3 000～5 000	6	81	87	1.71%	6.22%	6.90%
5 000 元以上	11	31	42	3.13%	2.38%	26.19%

4. 空间地理位置对土地流转的影响

空间地理位置是基于被调查者所在地与最近经济中心和最近交通线路直线距离而定义的。由于土地具有不可移动性，土地流转的发生在一定程度上受到空间地理位置的影响。在调查中发现，空间地理位置存在着巨大的差异，为便于数据分析，把距离划分为 $0 \leq X \leq 2$，$2 < X \leq 4$，$4 < X \leq 6$，$6 < X \leq 8$，$8 < X \leq 10$，$10 < X \leq 20$，$X > 20$，7 个等级，基本单位为千米。

调查结果表明，在 $8 < X \leq 10$ 达到样本的最大值、距离 $X > 20$ 时发生率为 0，最近交通路线在 $0 \leq X \leq 2$ 时发生率最大，并随着距交通路线距离的变化发生率逐渐变小。由此可见，在土地流转中，空间地理位置是影响其发生的重要因素之一（见表 4－11、图 4－6）。造成这一现象的原因大致包括以下几个方面：

首先，受经济中心的影响。经济中心是一个地区的经济发展的增长极，是经济较为集中的地区。由于经济中心这一特性的存在，人口和生产要素逐渐向经济中心集中，当集中到一定规模时就必然出现向经济中心边缘扩张以谋求发展的局面，以缓解经济中心各生产要素对土地需求的矛盾。因此，在距离经济中心 $0 \leq X \leq 4$ 千米时土地流转发生率相对较高，这是同经济中心的发展密切联系的。此外，距最近经济中心交通路线

8 < X≤20 千米时，流转量加大，主要为经济中心提供蔬菜、水果等。实现土地流转，对土地进行规模化经营，可以提高土地的使用率和产出率。

其次，受交通便利程度的影响。交通便利与否是影响企业选址的重要因素之一。大多数企业倾向于在交通线路两边选址，有利于加快商品流通，减少运输成本，实现效益最大化。另外，由于土地距离交通路线近，在一定程度上缩小了农民的耕种半径，便于农民进行农业耕种活动。此外，一些地方交通不便，经济水平低，农民外出务工人数较多，导致土地流转增多。

表 4 - 11　　空间距离与土地流转的比例

离最近经济中心距离	流转	未流转	合计	离最近经济中心距离流转的比例
0≤X≤2	177	336	513	34.50%
2 < X≤4	104	252	356	29.21%
4 < X≤6	57	167	224	25.45%
6 < X≤8	42	66	108	38.89%
8 < X≤10	14	13	27	51.85%
10 < X≤20	31	92	123	25.20%
X > 20	0	5	5	0.00%
离最近交通线距离	流转	未流转	合计	离最近交通线距离流转的比例
0≤X≤2	308	874	1 182	26.06%
2 < X≤4	51	171	222	22.97%
4 < X≤6	22	86	108	20.37%
6 < X≤8	14	40	54	25.93%
8 < X≤10	14	63	77	18.18%
10 < X≤20	4	35	39	10.26%
X > 20	4	15	19	21.05%

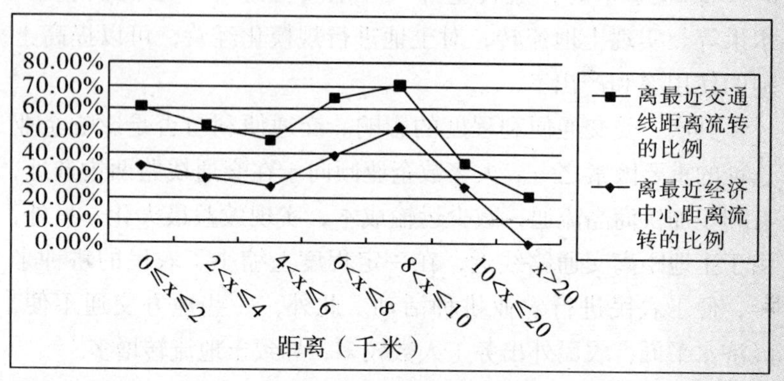

图4-6　空间地理位置对土地流转的影响

5. 影响土地流转的多因素分析

在实际中，土地流转不只受单个因素的影响，应该是受众多因素影响的共同结果。利用SPSS统计分析软件中的偏相关和主成分分析法，根据土地流转的面积对发生土地流转的样本数进行分析，得出影响土地流转发生的最重要因素（见表4-12、表4-13）。成分矩阵表结果显示：劳动人数与家庭人口在第一主成分上的载荷较大，即与第一主成分的相关系数较高；距公（铁）路距离（千米）与离经济中心距离最小值在第二主成分上的载荷系数较大，即与第二主成分的相关程度较高；家庭人均农作物经济收入与被调查者家庭人均经济收入在第三主成分上的载荷系数较大，即与第三主成分的相关程度较高；外出务工人数在第四主成分上的载荷系数较大，即与第四主成分的相关程度较高。因此，可以将主成分命名如下：第一主成分——家庭人口结构；第二主成分——空间距离；第三主成分——经济水平；第四主成分——外出务工人数。

表 4-12　　多因素成分矩阵表

名称	成分			
	1	2	3	4
家庭人均农作物经济收入	0.047	0.113	0.793	-0.392
外出务工人数	0.433	0.091	0.040	0.716
劳动力人数	0.848	-0.281	-0.012	-0.104
家庭人口	0.832	-0.253	-0.047	-0.215
距公（铁）路距离（千米）	0.290	0.706	0.195	-0.116
离经济中心距离最小值	0.245	0.719	-0.053	0.173
被调查者家庭人均经济收入	-0.074	-0.318	0.656	0.461

表 4-13　　相关性分析表

控制变量			转让面积占土地总面积比例	家庭人均农作物经济收入	被调查者家庭人均经济收入
家庭人口 & 劳动力人数 & 外出务工人数 & 距公（铁）路距离（千米）& 离经济中心距离最小值	转让面积占土地总面积比例	相关性	1	-0.121	0.161
		显著性	—	0.013	0.001
		df	0	417	417
	家庭人均农作物经济收入	相关性	-0.121	1	0.105
		显著性	0.013	—	0.032
		df	417	0	417
	被调查者家庭人均经济收入	相关性	0.161	0.105	1
		显著性	0.001	0.032	—
		df	417	417	0
控制变量			转让面积占土地总面积比例	外出务工人数	
家庭人口 & 劳动力人数 & 距公（铁）路距离（千米）& 离经济中心距离最小值 & 家庭人均农作物经济收入 & 被调查者家庭人均经济收入	转让面积占土地总面积比例	相关性	1	0.093	
		显著性	—	0.058	
		df	0	416	
	外出务工人数	相关性	0.093	1	
		显著性	0.058	—	
		df	417	0	

表4－13（续）

控制变量			转让面积占土地总面积比例	劳动力人数	家庭人口
距公（铁）路距离（千米）& 离经济中心距离最小值 & 家庭人均农作物经济收入 & 被调查者家庭人均经济收入 & 外出务工人数	转让面积占土地总面积比例	相关性	1	－0.092	－0.066
		显著性	—	0.06	0.176
		df	0	417	417
	劳动力人数	相关性	－0.092	1	0.62
		显著性	0.06	—	0
		df	417	0	417
	家庭人口	相关性	－0.066	0.62	1
		显著性	0.176	0	
		df	417	417	0
控制变量			转让面积占土地总面积比例	离经济中心距离最小值	距公（铁）路距离（千米）
被调查者家庭人均经济收入 & 家庭人口 & 劳动力人数 & 外出务工人数 & 家庭人均农作物经济收入	转让面积占土地总面积比例	相关性	1	－0.156	－0.135
		显著性		0.001	0.006
		df	0	417	417
	离经济中心距离最小值	相关性	－0.156	1	0.253
		显著性（双侧）	0.001		0
		df	417	0	417
	距公(铁)路距离（千米）	相关性	－0.115	0.253	1
		显著性	0.006	0	
		df	417	417	0

利用偏相关分析主成分对土地流转的影响程度，在分析主成分过程中控制其他主成分的影响，如表4－13所示。

运用偏相关分析和主成分分析不难看出：经济水平（家庭人均农作物经济收入和被调查者家庭人均经济收入）与土地流转的相关性分别为0.161和－0.121；空间距离（离经济中心距离最小值和距公路、铁路距离）与土地流转的相关性分别为－0.156和－0.115；家庭人口结构（劳动力人数和家庭人口）与土地流转的相关性分别为－0.092和－0.066；外出务工人数为0.093。根据数据分析结果很容易得出上述因子对土地流转影响程度：$R_{经济水平} > R_{空间距离} > R_{外出务工} > R_{家庭人口结构}$（因子对土地流转影响程度用R来表示）。这表明，在土地流转中，影响土地流转最大的因素是家庭的经济收入水平。主要表现在：一方面，非农业经济收入高，土地主要以流出为主，推动土地流转市场的形成，成为土地流转中的土地供给方；另一方面，农业经济收入较高，土地以流入的形式进行流转，以规模化养殖为主，成为土地流转市场中的需求方。

（四）农民对土地流转的意愿分析

土地流转的主体是农民，农民的意愿在土地流转中起着举足轻重的作用，因此，在问卷的设计中，涉及了农民对土地流转的意愿，在假定农民不愿意耕种土地的情况下，对农民意愿进行了调查。

1. 农民对土地流转方式的意愿

实际调研中发现，采取弃荒方式的仅占5.33%，而采取流转方式的占到了90.23%，采取其他方式的占4.44%。在采取土地流转的处理方式中，37.43%选择租给其他人种，27.09%选择免费给亲戚种，而选择租给企业搞规模化生产的仅占18.69%，选择以入股方式转让的占7.02%（见表4－14）。

表4－14 土地流转方式

希望采取的方式转让	弃荒	免费给亲戚	租给其他人	租给企业搞规模化生产	以入股的方式转让	其他
所占比重	5.33%	27.09%	37.43%	18.69%	7.02%	4.44%

2. 农民对土地流转时间的意愿

在实际调查中发现，临时进行流转1～2年的比例最大，占50.69%，主要原因是一些农民外出务工，但又想从土地中获得一定的利益，故而短期内将土地让给别的农户租种。其次，期望转让年限为5年的占22.00%，为10年和20年的分别占9.53%和6.00%，希望永久转让的占11.78%，比例高于前两者，主要是一些农户移居城镇从事第二、三产业，愿永久性地将土地租给别的农户（见表4-15）。

表4-15　土地流转时间

转给别人时间	临时的1~2年	5年	10年	20年	永久
所占比重	50.69%	22.00%	9.53%	6.00%	11.78%

3. 农民对土地流转费用的意愿

表4-16反映出农民对土地流转收取费用的期望，较高的是200元/亩以下和200~400元/亩，所占的比例分别是27.70%和27.18%。比例随着金额的增长而逐渐下降且较为平均，400~600元/亩占17.35%，600~800元/亩占13.01%，800元/亩以上占14.75%。

表4-16　土地流转费用

每亩每年收取费用	200元以下	200~400元	400~600元	600~800元	800元以上
所占比重	27.70%	27.18%	17.35%	13.01%	14.75%

4. 农民对土地流转管理的意愿

调查结果表明，认为有必要进行合理管理的为71.06%，认为没有必要进行管理的仅为14.27%，认为无所谓的为14.67%（见表4-17）。

表 4 - 17　　土地流转管理是否必要

合理管理是否必要	有必要	没有必要	无所谓
所占比重	71.06%	14.27%	14.67%

5. 农民对土地流转管理方式的意愿

调查结果表明，愿意采取私下商量方式的占了样本总数的43.97%，其次是村及乡镇参与的占20.41%，成立流转中心的仅占18.12%，小组集体协调的占14.47%，其他的占3.03%（见表4 - 18）。

表 4 - 18　　土地管理方式

管理方式	私下商量	小组集体协调	村及乡镇参与	成立流转中心	其他
所占比重	43.97%	14.47%	20.41%	18.12%	3.03%

6. 普通农户土地流转意愿综合研究

研究分析的因变量是农户农地流转的意愿，即愿意流转与不愿意流转，故而在进行定量分析时，设置了一个虚拟变量来表示这个定性的因变量。使用SPSS中的Logistic逐步回归模型，对影响农村农户流转意愿的因素进行定量分析。Logistic回归模型是一种对二分类因变量（因变量取值有1或0两种可能）进行回归分析时常采用的非线性分类统计方法。该方法是由生物数学家Verhult于1838年创立，后在人口统计和预测中推广使用，并受到广泛关注，曾成功应用于野生动物栖息地变化、森林火灾预测、林地退化、交通、医学和农户行为研究中。借助该模型能对这类二值响应的因变量和分类变量（或连续变量，或混合变量）进行回归建模，进而探讨影响概率、定性变量、二分性变量的主要因子（冯玲玲，2009）。

根据 Logistic 回归建模的要求，设 x_1，x_2，x_3……是与 Y 相关的一组向量，设 P 是某事件发生的概率，将比数 $P/(1-P)$ 取对数得 $\ln[P/(1-P)]$，即对 P 作 Logistic 变换，记为 $logit(P)$ 为：

$$Y=\ln\left(\frac{P}{1-P}\right)=\alpha+\beta_1x_1+\beta_2x_2+\cdots+\beta_ix_i \tag{1}$$

$$P=\frac{\exp(\alpha+\beta_1x_1+\beta_2x_2+\cdots+\beta_ix_i)}{1+\exp(\alpha+\beta_1x_1+\beta_2x_2+\cdots+\beta_ix_i)} \tag{2}$$

式中 P 为概率或定性变量或是具有二分性的变量，在这里，设农户愿意流转农地时 P 为 1（包括流入和流出土地），农户不愿意流转农地则 P 为 0。

α 为常数项，表示自变量取值全是 0 时，比数（$Y=1$ 与 $Y=0$ 的概率之比）的自然对数；x_i 为影响农户流转农地意愿的因素。

β_i 为 Logistic 回归的偏回归系数，表示变量 x_i 对 Y 或 $logit(P)$ 的影响大小。

进行定量分析时，选取农户家庭基本状况、土地流转收益情况、土地流转保障情况三大要素为分析对象，应用 Logistic 回归模式，定量得出影响农户流转的各大因素，为加快农村土地流转提供理论上的指导。通过分析，发现农户土地流转意愿的影响因素如下（见图 4－7）：

第一，农民“恋土”情结严重。从转让方式可以看出，农民宁愿把耕地租给个人或免费赠送给亲友耕种，也不愿意租给企业进行规模化生产，这是源于农民对土地的依赖。从本质上说，大多数农民外出务工只是为了挣钱，挣足了钱就回到家乡。农民希望回到家乡后能继续从事农业生产，满足基本的生活需要。租给个人或免费赠送给亲友耕种相对于租给企业来说更容易收回土地的使用权。从土地流转的年限看，50.69% 的

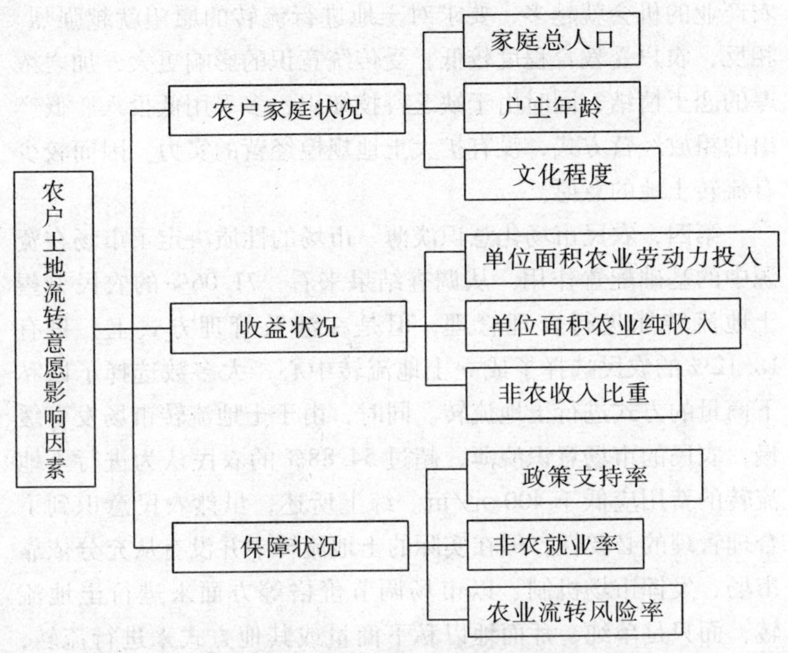

图 4-7 农户流转意愿研究变量选取

农民期望土地只是临时流转 1~2 年，说明农民大多考虑的还是今后的不确定因素以及土地对生活的基本保障问题，只是在短时间内考虑不耕种土地，但从长远来看，农民对土地的依赖性仍然很强。

第二，非农收入比是影响农户农地流转意愿的主要因素之一。非农收入是农村剩余劳动力转移进城，从事第二、三产业所取得的收益。二、三产业提供的就业机会越多，非农劳动获得的报酬就越大，其所占家庭收入的比重就越大。非农收入比重越大的地区，农户对土地的依赖性越小，农户就越愿意将土地流转出去，从而促进了农村土地流转市场的发展。

第三，户主的文化程度与农户土地流转的意愿紧密相关。文化水平越高，农户对土地的认知度就越高，外出务工从事非农产业的机会就越多，要求对土地进行流转的愿望就越强烈。相反，农户受教育程度较低，受传统意识的影响更大，加之浓厚的恋土情结，同时由于缺乏科技知识，多采用低投入、低产出的粗放经营方式，没有扩大土地规模经营的实力，因而较少有流转土地的意愿。

第四，农民市场化意识淡薄。市场的性质决定了市场在资源中的基础配置作用。从调查结果来看，71.06%的农民希望土地流转能进行合理管理，但是在涉及管理方式上，只有18.12%的农民选择了成立土地流转中心，大多数选择了以私下商量的方式进行土地流转。同时，由于土地流转市场发育缓慢，农民的市场意识淡薄，超过54.88%的农民认为进行土地流转的费用应低于400元/亩。综上所述，虽然农民意识到了合理管理的必要性，但在实际的土地流转中并没有从充分依靠市场、发挥市场机制、以市场调节价格等方面来进行土地流转，而只是单纯、片面地以私下商量或其他方式来进行流转，从而在一定程度上影响了土地流转市场的形成和土地流转的价格（黄茜，2009）。

第五，农民对土地估价不准。从调查结果来看，54.88%的被调查者认为流转费用应在400元/亩以下。原因在于，农民的自身局限性，对土地的经济属性认识不足，外加信息的不畅通，信息来源有限，因此，容易对土地流转费用估计不足。

三、重庆市与全国其他相关地区的比较研究

（一）与全国平均水平的比较研究

1. 流转规模

农业部2006年年初的统计数据显示，全国农户家庭承包

耕地流转总面积5 551.22万亩，占承包经营耕地的4.57%；同期，重庆的农户家庭承包耕地流转总面积113.18万亩，占承包经营耕地的5.67%。后者比前者高1.10个百分点，在全国排第十位。

2. 流转形式

在全国农村土地流转总面积中，转包、转让、互换、出租、入股和其他等形式所占比例分别为53.65%、8.84%、4.84%、21.87%、4.61%和6.19%；同期，重庆为49.25%、14.21%、8.08%、19.73%、1.77%和6.96%（见图4-8）。

其中市场化程度较高的出租和入股两种形式，重庆均低于全国平均水平，分别低2个和3个百分点。换句话说，相对于全国而言，重庆农村土地流转的市场化程度有待进一步提高。

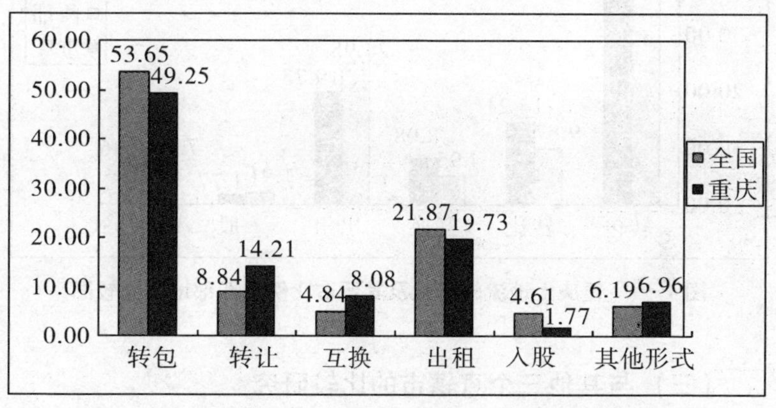

图4-8 重庆土地流转形式及其所占比例与全国比较图

（二）与西部地区的比较研究

1. 流转规模

就农村流转土地占承包耕地的比例来说，重庆在西部11个省、市、区（注：不包括西藏自治区，下同）中排第二位，仅次于四川的9.15%，比西部地区的平均水平3.88%要高1.79%。总体上，在西部处于相对领先地位。

2. 流转形式

农业部2006年年初的统计数据显示，西部地区农村土地流转总面积中，转包、转让、互换、出租、入股和其他形式所占比例分别为50.87%、9.87%、4.95%、24.95%、1.91%和7.45%；同期，重庆为49.25%、14.21%、8.08%、19.73%、1.77%和6.96%。

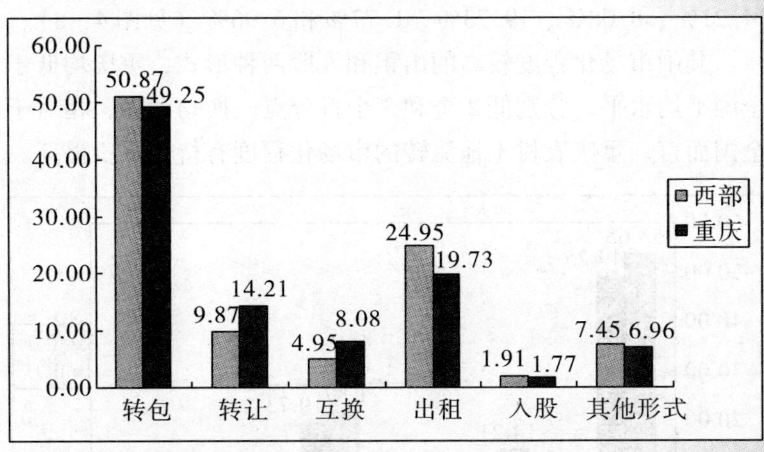

图4-9　重庆土地流转形式及其所占比例与西部地区比较图

（三）与其他三个直辖市的比较研究

1. 流转规模

无论是农村流转土地占承包耕地的比例，还是单份土地流转合同土地流转数量，重庆在京、津、沪、渝四个直辖市中都是最低的，分别比四个直辖市的平均水平低3.55个百分点和0.59亩（见表4-19）。

表4-19　京、津、沪、渝四个直辖市土地流转情况一览表

项目	土地流转总面积（万亩）	占承包面积比例（%）	单份合同流转面积（亩）	转包所占比例（%）	转让所占比例（%）	互换所占比例（%）	出租所占比例（%）	入股所占比例（%）	其他形式所占比例（%）
北京	3.58	4.71	3.94	61.88	4.12	0.75	21.49	2.16	9.61
天津	8.15	9.85	5.69	50.05	2.10	0.40	31.19	0.22	16.04
上海	22.44	40.99	4.69	25.94	28.06	0.04	32.62	0.62	12.72
重庆	30.44	5.67	3.72	49.25	14.21	8.08	19.73	1.77	6.97
平均	64.61	9.22	4.31	41.23	16.91	3.40	26.58	1.10	10.78

2. 流转形式

农业部2006年年初统计数据显示，北京、上海、天津和重庆四个直辖市农村土地流转总面积中，转包、转让、互换、出租、入股和其他六种形式所占比重分别为61.88：4.12：0.75：21.49：2.16：9.61，25.94：28.06：0.04：32.62：0.62：12.72，50.05：2.10：0.40：31.19：0.22：16.04和49.25：14.21：8.08：19.73：1.77：6.96（见图4-10）。从流转的市场化程度来看，重庆也较低。

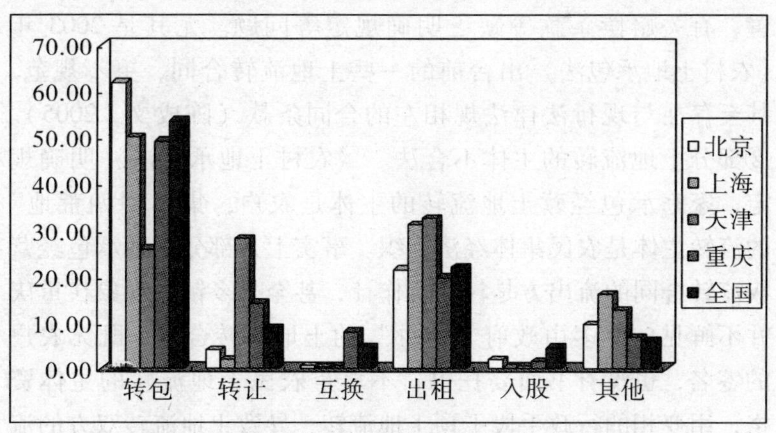

图4-10　四个直辖市农村土地流转形式的比较

四、重庆市农村土地流转存在的问题

（一）土地流转行为不规范

当前，农村土地流转行为不规范主要表现在：农民自行流转多，报村镇批准备案的少；口头协议多，书面协议少；双方约定不明的多，约定明确的少；书面协议内容不规范的多，规范的少等。具体为：①没有土地流转合同或流转合同不规范。目前重庆还有相当一部分农村土地流转没有书面协议。其中以互换流转最为普遍，有近60%没有书面协议，甚至有15%以上的互换流转既无书面协议也无口头约定。全市在农业承包合同管理机关登记、备案或鉴证的农村流转土地不超过40%。由于重庆尚无统一的农村土地流转合同范本，部分农村土地流转合同存在着形式不规范，合同内容过于简单，条款不完整，对于流转双方的权利义务及违约责任、承包土地上附着物处置、有关赔偿条款等缺乏明确规定等问题。尤其是2003年《农村土地承包法》出台前的一些土地流转合同，更不规范，甚至存在与现行法律法规相左的合同条款（陈成文，2005）。②部分土地流转的主体不合法。《农村土地承包法》明确规定，家庭承包经营土地流转的主体是农户，集体“四荒地”的流转主体是农民集体经济组织。事实上，部分土地承包经营权流转合同的流出方是村或合作社，甚至是乡镇的现象在重庆并不鲜见。许多由政府“包办”的土地流转合同，既无农户的签名，也没有书面委托书，不尊重农民土地流转的主体资格，用变相的行政手段干预土地流转，导致土地流转双方的流转主体不合法，并因此引发了一些土地流转的矛盾纠纷。③农村土地流转合同管理差。以重庆市璧山县为例，该县绝大部分土地流转合同签订后，由于种种原因，没有在街道、镇乡农经部门鉴证、存档和备案，有的在村社都无备案，更有甚者，在村社合并后，流转合同的原件已丢失，致使农经部门对全县土地流转的真实情况难以掌握。目前全县的土地流转合同在街道、乡镇的存档备案率仅为9%，土地流转合同公证或鉴证率仅为6%，不利于开展农村土地流转的指导工作和土地纠纷的及时解决。

（二）土地流转中政府定位不当

在农村土地流转过程中，政府及主管部门应当发挥规划、引导、协调、服务和监督管理的职能。但在实际操作过程中，尤其是基层政府和主管部门往往定位不当，认识不足。既有对农村土地流转不支持、不引导，任其自然发展的现象；也存在过多地用行政手段干预土地自由流转，甚至直接充当土地流转的主体，随意改变土地承包关系，搞强制性的土地流转现象。个别乡镇甚至把农村土地流转作为增加镇村收入的手段，或者作为突出地方政绩的形象工程，不尊重农民意愿，损害农民利益。

由于流转的动机和做法各异，在部分地区政府在操作中曲解甚至违背土地政策。有的地区为了追求农村土地流转规模和增加招商引资数量，不尊重农民意愿，以各种理由强行要求农民出租土地，且土地租金的收益分配也缺乏透明度，侵害了法律赋予农民的农村承包土地收益权。政府在农村土地流转过程中定位不当，引导不力，服务不到位，错位、缺位和越位现象并存，直接影响了产业发展与当地发展规划衔接，政府与业主、业主与农民、农民与政府之间矛盾时有发生（阳红星，2009）。如贵州瓮安“6·28”、甘肃陇南“11·17”等群众围攻政府恶性事件，究其原因或多或少与政府定位不当，强制征收农民土地有关，深化了农民与政府的矛盾。因此，不难看出，在农村土地流转中，政府所扮演的角色是极其重要的。

（三）服务机构不健全

农村土地流转服务机构不健全主要表现在：①管理机构缺失。目前，重庆市部分区县和乡镇尚未建立完善的农村土地流转管理机构，缺乏对农村土地流转的有效管理、引导和服务，农户自发流转土地还占相当比例。农村土地流转纠纷时有发生，农民在土地流转中的主体地位尚未充分体现，农民的土地承包权和流转收益权受侵害的事情屡见不鲜。这在一定程度上制约了农村土地流转的有序进行。②市场化程度不高。农村土地流转属于市场经济行为，其根本目的在于提高土地利用率和产出效益，必须按市场规律办，形成统一规范的土地流转市场。目前，重庆大部分地区尚未形成统一规范的土地流转市场，农村土地流转中介组织较少，流转信息传播渠道不畅，土地供求双方对接难，导致土地流转的成本高，土地资源配置的效率低，影响了农村土地在更大的范围和更高的层次上进行流转，部分区县的个别村社甚至出现土地撂荒现象。一些区县尽管建立了土地流转中介组织，但真正按市场经济法则对土地流转进行运作的并不多。流转市场发育不良，中介组织匮乏，信息不灵，往往出现农户有转出土地意向却找不到合适的受让方，而需要农村土地从事农业规模经营的业主和企业又找不到中意的出让者，影响了土地等生产要素的合理流动和优化配置。

（四）流转机制不完善

总体上，重庆农村土地流转尚处于摸索阶段，土地流转合同缺少统一的标准尺度，流转的程序不规范、不固定，土地流转风险保障金、调解仲裁、合同档案管理等一系列流转制度尚未真正建立，尚未形成地方性相对完善的农村土地流转条例或文件，农村土地流转程序不规范，缺乏土地流转双方的约束机制，转包费、租赁费的计算缺乏科学依据。尽管法律法规赋予农业主管部门对农村土地流转的管理职能，但缺乏统一规定，职责不明确，依据不充分，政府在实际操作中无法可依，管理和服务不到位（黄翠微，2008）。

（五）耕地保护不到位

部分地区在农村土地流转过程中对耕地数量和质量保护政策认识不足，未能很好落实耕地保护措施。主要表现在以下两个方面：一是部分业主或企业由于土地流转期限较短，在经济利益与耕地质量保护发生矛盾时，业主或企业往往选择经济利益，对耕地实行掠夺性经营，导致耕地质量逐年下降；二是部分地方与业主或企业签订流转合同时，没有遵循不改变土地用途的政策，严格限制耕地用途和临时生产工作用房的建设比例，并对少量临时转用的耕地没有落实相应的复耕保障政策，部分业主或企业随意改变土地用途，导致耕地数量减少。

（六）土地流转风险大

农业生产投资存在自然和市场的“双重风险”。自然风险包括自然条件（地形、气候、水源、道路等）的限制和自然灾害（干旱、洪水、疫情等）的影响；市场风险包括市场供求关系、劳动力成本和销售渠道的变化。这些风险阻碍了土地资源的合理配置，影响了农业产业化龙头企业和农业大户追求经济效益最大化，降低了他们将土地集中起来规模经营的积极性，在一定程度上制约了农村土地的流转（潘承凡，2007）。以璧山县重庆市绿宇园林发展有限公司为例，该公司为一家县级农业产业化龙头企业，公司在正兴镇曙光村承租了500多亩土地发展直干蓝桉种植业。由于旱灾和洪灾等自然灾害的影响，良种死亡了40%~50%，国家没有补贴，只能自主经营，自负盈亏，给公司造成了十几万元的经济损失。与此同时，市场上香油价格上涨，对直干蓝桉的需求不旺，随着劳动力价格和成本的提高，公司的压力越来越大，利润变小，每生产1吨要损失1 000~2 000元，因此公司决定转产，将土地全部承包给木材承包商搞木材建设。

（七）土地流转中规模经营劳动力匮乏

随着经济社会的发展，大量的农村剩余劳动力背井离乡外出务工，从而在一定程度上为土地流转的快速发展提供了机遇。龙头企业、农业大户等相继出现，大大加快了农业产业化的发展。但农村劳动力匮乏、技术落后等成为当前土地流转中凸显的新问题。以重庆市璧山县为例，该县截至2006年年底累计转移农村劳动力17.2万人，占农村劳动力的57.7%，2004年至2006年三年共新增转移劳动力25 385人，其中44.9%转移到了第二产业，53.1%转移到了第三产业。大量的年轻力壮的农村劳动力转移到城镇，农村仅剩下老年人和儿童。由于农业生产的比较效益低下，多数人不愿回乡从事农业生产，所以尽管土地集中流转到了专业大户和龙头企业手中，但他们却面临请不到人做工，劳动力工资成本高，利润下降的困难，使得农村土地闲置，制约了土地的集约化利用。该县的凯普农业技术开发有限公司为一家县级龙头企业，在青杠街道中心村、凉山村等地承包了2 000多亩土地发展葡萄、杏、李等水果种植业。由于有技术支持，其葡萄和李子每亩最高产量能达到6 000~7 000斤，复种指数为3.5，年纯利润为500多万元。但目前公司面临的最大问题就是劳动力缺乏，现在每天做工的100多人大多为60~70岁的老年人，40岁以下的年轻劳动力基本没有，这些劳动力都无技术，只能从事简单的体力劳动。公司平均每年的劳动力工资为130多万元，每亩工钱约为300元，随着今后劳动力的进一步短缺，工资成本将逐渐提高，公司所得利润会减少，影响了其扩大规模的积极性。

五、重庆市农村土地流转障碍因素分析

（一）土地产权模糊

家庭联产承包责任制促进了农村经济的发展，大大盘活了土地存量，提高了广大农民的种地积极性。但平分地权的这种方式，在一定程度上限制了土地的流动和集中。因此，首先产权要清晰，土地要按照市场的方式来配置，按照市场经济规律运行。在目前这种产权制度下，产权主体不明确。农村土地的所有权属于集体所有，集体权利的主体是没有完整组织形式和内涵的农村集体经济组织，集体经济组织究竟由谁管理，由谁运行没有统一的界定。现在农村土地集体所有权这个集体所有的“集体”本身就是一个模糊的概念，而不是一个实体，这使得所有权主体虚置。据调查，农民对于集体土地属于谁所有仍然处于无知的状态，虽然经济发达地区的农民对于集体所有权的认识比经济落后地区的农民要深，但总体来看，认为集体所有权属于国家的仍然占有较大的比例。由此可见，集体所有权主体虚置导致了产权关系模糊（刁孝堂，2007）。

农村集体所有权产权还表现出内容残缺。我国推行土地用途管制制度，农村集体虽然对集体土地享有所有权，但对于土地却不享有终极处置权，不能在国家规定的范围之外转让或者利用。这样残缺的产权对于农村集体的管理热情和管理力度都有较大程度的限制。现在我国没有相关的法规可督促产权完整的农村集体土地的高效可持续利用。同时，我国政府行为能力与农民力量对比关系不平衡，也导致了我国集体土地产权的虚

置。政府是一系列政策法规的制定者，农民处于被动接受的地位。虽然现在正逐步利用听证会等形式改善这一状况，但其力度仍然较小，集体土地的处置权仍然掌握在国家手中，这在很大程度上削弱了集体对土地的所有权。

（二）权属管理落后

农村地籍资料落后，造成农村土地权属管理落后。在我国农村地籍的比例为1∶2 000，城市地籍的比例多为1∶500，而土地流转特别是集体建设用地使用权流转需要高精度的地籍资料。土地要实现有序的规范流转，在办理相应的登记手续时，离不开地籍资料。地籍图件是权属管理的重要依据，文字说明是对图件资料的补充说明。由于地籍资料落后，导致农村土地权属管理不能满足土地流转有法可依、有序流转的要求。

（三）农村土地流转法律法规的制定滞后

近年来，中央和地方相继出台诸多土地流转的法律法规，如广东省的《集体建设用地使用权流转管理办法》和全国人代会通过的《物权法》等，但对于土地流转中涉及的敏感问题并未明确给出具体的实施意见和规定。农村土地流转是我国发展农村经济，解决“三农”问题的重要途径，目前尚处于摸索阶段，法律法规的制定相对滞后，使得土地流转不同程度上受到约束，阻碍了农村经济的快速发展。因此，建立相关的法律法规，是保证农村土地流转合法运行的重要基础。

（四）农村社会保障体系不健全

户籍制度二元化使得我国农村居民和城镇居民享有两个不同的生活保障体系，对于农村居民来说，土地就是他们生活的保障。农村社会保障体系不健全，使得农民不敢放开胆子搞土地流转，特别是农民对农村土地产权理解有偏差的时候，他们害怕会因此失去土地这个唯一的生活保障。同时，二元化的户籍制度还限制了农村剩余劳动力向城市的转移，尤其是子女受教育的限制导致了许多农民弃耕却不离地，阻碍了农地和宅基地的合理流转。

（五）城镇化水平低

土地流转的最终推动力是利益，而土地流转的利益受当地城镇化水平和第二、三产业发展水平的制约。在实地调研中发现，城镇化和第二、第三产业发展较好、水平较高的地区，经济比较发达，土地作为稀缺资源，流转收益高，这也是经济发达地区的城乡结合部土地私下流转现象严重的原因之一。目前，我国总体上来说城镇化水平和第二、三产业化水平仍然低于世界平均水平，导致了土地流转的利益总体水平不高，影响了农民的土地流转热情，阻碍了土地流转的高速高效进行。

（六）土地流转市场发育滞后

我国农村土地市场基础设施建设少，场所、机构等都相当缺乏，市场信息无稳定的传递渠道，土地金融信用未能发展，市场资金紧缺（姚洋，1 999）。土地流转市场发育滞后，使农户之间私下流转土地使用权的交易行为，既没有任何权威性的法规可遵循，又缺乏相应的市场规则、监督机构保证规范运作，交易缺乏透明度与公平性，且交易只能局限在本村、本小组等狭小范围内，无法在更大范围内实现土地资源的合理流动和优化配置，无法实现规模化、农业化经营。

第五章

重庆市新农村建设中农村土地流转模式研究

一、概述

农村土地承包经营权流转有制度目标和非制度目标之分。制度目标就是相关法律条文及政策规定的所要达到的目的（邱林，2002）。它是设计制度的依据、制度执行的归宿和制度效益评价的标准。农村土地流转制度目标就是农村土地流转政策及相关法律法规所要引领和维护而达到的目的。我国农村土地承包经营权流转制度的核心目标有两个：①通过市场化的流转替代原有的周期性行政手段调整土地，从而稳定农民的土地承包经营权利；②通过土地流转，实现农村土地的规模经营。卫军帅等的调查显示，非制度因素也渗透到了农村土地流转的方方面面，影响着农村土地承包经营权流转制度目标的实现，可以将其称为农村土地流转的非制度目标。例如：为了农业招商引资而强迫农民流转土地；为了方便土地征用和非农建设利用，而采取所谓土地股份制的办法诱导农民流转土地；为了区域集团或个人利益而动员农民流转土地等。而研究土地流转及对其流转模式评价的参考目标应是“稳定农民承包土地经营权”和“发展规模经营”（胡明辉，2008）。

农村土地使用权流转形式多样，它是发生于农户与农户之间或农户与企业、社区等经济组织之间，基于市场交换原则、通过土地使用权流转价格反映的一种特定经济行为。在实际操作过程中，其主要形式有如下几种：

（1）转包，是指承包方将部分或全部土地承包经营权以一定期限转给同一集体经济组织的其他农户从事农业生产经营。转包后原土地承包关系不变，原承包方继续履行原土地承包合同规定的权利和义务。接包方按转包时约定的条件对转包方负责。承包方将土地交给他人代耕不足一年的除外。当前在重庆农村土地流转中，转包是流转面积最大、所占比例最高的一种土地流转形式。总体上，该形式对于减少农村土地撂荒现象，扩大农户土地规模经营和连片种植起到了一定的积极作用。

（2）出租，是指承包方将部分或全部土地承包经营权以一定期限租赁给他人从事农业生产经营。出租后原土地承包关系不变，原承包方继续履行原土地承包合同规定的权利和义务。承租方按出租时约定的条件对承包方负责。当前重庆农村土地流转中出租的流转面积和所占比例仅次于转包，是分布最广的一种土地流转形式。总的来说，该形式一方面有利于将农民从农村土地中解放出来，转移到城镇或非农产业就业，增加农民的非农收入，同时通过土地出租能够享有固定的土地收益，可解决农民的生活保障问题。此外，也有利于促进吸引村外和非农资金向农村流动，推动农业规模经营和产业发展，提高农村土地的产出效益。但由于土地承包经营权租赁的对象是非实物体，受到所有权和承包期限的牵制，被租赁的承包经营权在再租赁、抵押贷款等一系列物权方面尚存在一些难以解决的问题，其市场化程度因此而打了折扣。

（3）转让，是指承包方有稳定的非农职业或者有稳定的收入来源，经承包方申请和发包方同意，将部分或全部土地承包经营权让渡给其他从事农业生产经营的农户，由其履行相应土地承包合同的权利和义务。转让后原土地承包关系自行终止，原承包方承包期内的土地承包经营权部分或全部散失。转让是当前重庆农村土地流转中面积和比例相对较高的一种土地流转形式。事实上，转让形式的土地流转就是农户部分或全部放弃农村承包土地经营权。这种形式与放弃农村土地承包经营权和2007年7月1日实施的《重庆市实施〈中华人民共和国农村土地承包法〉办法》中第四十五条第二款规定“承包期内，承包方全家迁入本市各区县（自治县）所辖街道办事处或者区县（自治县）人民政府驻地镇，转为非农业户口的，被收回承包土地”不同的是，在本轮承包合同到期后，这部分农民还具有参与下一轮土地承包的权利。

（4）互换，是指承包方之间为方便耕作或者各自需要，将属于同一集体经济组织的承包地块进行交换，同时交换相应的土地承包经营权。互换多发生在同一集体经济组织的农户之间，属于农户的自发行为，是土地流转初期比较流行的方式。但从促进农村土地流转，推动农业规模经营和产业发展这个角度来说，互换形式的土地流转基本上没有意义。

（5）入股，是指实行家庭承包方式的承包方之间为发展农业经济，将土地承包经营权作为股权，自愿联合从事农业合作生产经营；其他承包方式的承包方将土地承包经营权量化为股权，入股组成股份公司或者合作社等，从事农业生产经营。入股是近年来在全国各地比较流行的土地流转形式，但在重庆尚处于起步阶段，整体上数量不多、规模不大、比例不高。入股形式的流转是现代企业制度在农村土地经营中的成功应用，其创新之处在于土地经营主体与农民建立了更加直接而紧密的经济利益关系。对农户和土地来说，都具有了双重身份：农户既拥有依附在土地物质形态上的承包权，又拥有土地使用权抽象价值形态的股份，承包权、使用权转化为股权，成为参与土地经营的资本，实现了劳动合作与资本合作的有机结合；农户作为股东，可以享有农业生产和销售两个环节的经营自主权，通过分红分享农产品进入流通领域的部分收益。但由于目前工商企业登记中股东不得超过 50 个、注册资金中现金资本不得少于 30% 等方面的限制，以及监管机制的缺位、组织制度构架的复杂性和农民自身对市场驾驭能力低等问题而导致该种流转形式推广比较困难。

二、重庆市农村土地流转模式分析

（一）重庆市农用地流转创新模式

1. 土地流转市场型模式创新与设计

（1）市场型流转模式意义阐述

①市场型流转模式可为土地流转搭建平台。市场型土地流转通过成立土地流转中介服务组织，由土地流转中介机构为农户和土地需求者提供多种信息，让土地流转供需双方信息公开、透明，可以有效缓解农村土地“想转谁要”和“想包谁有”的矛盾，并为土地流转双方完成土地流转的相关前期工作提供服务。市场型土地流转模式可为分散的普通农户和缺乏供给信息的需求者牵线搭桥，形成有效的供需信息平台、服务平台，有效推进土地流转规模化。

②市场型流转模式是农村土地使用制度的创新。市场型土地流转模式通过创新农村土地使用制度，在实现土地规模经营的基础上，还促进农村家庭承包基本经营制度的稳定和完善

（秦秀昌，2004）。通过市场的有效配置作用，使农村土地进入市场，按照依法、自愿、有偿、规范的原则进行流转，既实现了土地的市场价值和保障功能，又促进了农村土地的适度规模经营，实现了农村土地使用制度的创新，达到了“稳制活田”的目的。通过有形市场的运营，市场发挥了配置土地资源的主导作用。在市场型土地流转模式中，政府主要发挥抓示范、强服务和重引导规范等作用，避免在发展和建设现代农业中的一些不适当的行政干预，有效解决农户间私下流转形不成规模、经济效益差、纠纷多等问题，保持农村社会稳定，促进农村经济的壮大和发展。

③市场型流转模式可推进农村土地流转规范化。市场型土地流转模式通过中介组织及时准确权威地收集发布农村土地流转信息，并为土地流转双方提供政策、法律咨询，以及专业化的服务，可以使农村土地流转更加透明、程序更加合法、文件更加规范，进而双方权利也将得到更大程度的保护；而且随着农村土地流转中介机构其他相关业务的开展，还可以促使投资、金融、经济等相关领域的法律法规以及各项制度的完善，促进我国农村土地承包权以及农村建设用地流转走上法制化、规范化管理的轨道；另外，也更有利于强化各级政府对土地流转的监督管理。

④市场型流转模式有利于保障农民的收益。市场型土地流转模式是在遵循依法自愿有偿原则的前提下，有土地流转意愿的农户通过中介机构实现土地有偿流转的途径。依法就是土地流转形式和各环节的规范和保障，自愿就是流转双方必须是真正的自我意愿的表达，有偿就是在保障农民利益前提下流转。市场型流转模式能有效地通过依法、自愿来保障有偿，保障农民利益顺利实现，并保持收益的持续性和流转后农民生活水平不降低。市场型土地流转必须是农民自愿，并且是农民在充分认识到土地流转的结果和保障的前提下的自愿。这样，农民把

土地流转出去，就会充分认识到土地流转后的各种收益来源和保障，避免了农民在对市场信息了解不完全、流转后的收益不清楚的情况下糊涂地把土地流转出去，变成另一种形式的失地农民。

（2）市场型土地流转模式操作设计

市场型土地流转模式是以市场为主导，由社会机构或政府主导成立土地流转中介服务组织，为农户提供土地流转需求信息和土地托管等服务，为有需求的投资者或农业企业、大户、城市居民等有意受让主体提供土地，由中介组织为土地流转供给和需求者提供信息，并完成土地流转相关前期工作的方式。农户可以通过中介组织直接与土地需求者签订合同，或者由中介组织直接与农户签订委托管理合同后，再由中介组织直接与土地需求者签订合同。具体操作包括成立土地流转中介机构、确定土地流转基准价、发布土地流转信息、签订土地流转合同、土地流转后的使用监管等环节。

①成立土地流转中介机构。市场型土地流转模式的中介机构可以由社会机构形成，也可由政府相关事业单位为主体成立。由省、县等各级政府相关主管部门根据中介机构的人员、出资能力、资产状况、技术水平、信用等级等方面，核定市场型土地流转中介服务组织成立的条件和资格、经营规模和地域范围，并在批准的经营区域向社会公布。

②确定土地流转基准价。由国土、农业等政府相关部门牵头，委托有农村土地分等定级且从事过此项工作的单位具体实施，按区位条件、土地生产类型、土壤肥沃程度、农产品的价值、区域人均土地面积等因素，确定区域内农村土地流转的基准价格。政府部门把确定的农村土地流转基准地价作为各地土地流转市场最低价，并根据农村经济发展和区位条件等因素的变化，定期对农村土地流转基准价进行调整。

③发布土地流转信息。有土地转出愿望的农户在土地流转

中介机构登记或委托管理，有土地转入愿望的受让主体在土地流转中介机构登记需求信息。在收集到土地流转需求与供给信息的基础上，中介机构通过核实信息，把所有土地流转供需信息通过报纸、网络、电视等媒介发布，做到信息完全公开，为供需双方搭建实现流转的平台。

④签订土地流转合同。一部分是供需双方在土地流转中介机构的作用下，就地区土地流转的时间、流转的地块、流转对价等，由土地流转中介机构为供需双方提供相关报务，促成土地流转交易成功；一部分由农户直接与中介机构签订土地流转合同，再由中介机构与承接个人或企业签订土地流转合同（若土地流转达到政府规定的规模需到政府备案审定的必须按程序办，以最后确定流转的有效性）。中介机构为合同的签订提供全程服务。

⑤土地流转后的使用、监管。土地流转中介机构在成功完成土地流转交易服务或直接参与土地流转的转入和转出后，对土地的使用情况进行监督与管理。在土地流转“三个不得”的前提下，一方面重点监督土地流转后土地用途是否按土地利用总体规划要求和土地流转合同约定的用途进行开发与使用，若有违反，责令改正，或按合同约定进行处罚；另一方面要对土地流转后土壤肥力保护、农田基础设施建设和维护、相邻土地使用关系、原农户地块的四至和界址等进行协调和管理服务。

（3）市场型土地流转风险防范

①科学引导，防止盲目流转。建立土地流转中介机构的目的在于促进各地形成土地流转市场，按照“自愿、规范、有序”的原则推进土地流转。一旦土地流转中介组织建立，农户将按照市场化行为进行土地流转。在市场化流转过程中，由于农民对市场信息占有有限，对自己在城市就业的可能性判断不完全可靠的情况下，可能会出现农户盲目将承包土地流转出

去，影响农户生活水平和社会稳定的情况。为防止农户盲目流转土地，各地对农户应进行科学引导，让农户对土地流转的收益、土地转出后的责任、转出后的权利等有较全面的了解，中介机构在承接农户土地转出申请或登记时，应对其转出后生活来源、劳动力转移等进行可靠的调查与初步的评估、判断，真正让农户通过土地流转实现农业生产要素的优化配置，充分发挥农业生产要素的效用。2001 年 12 月底中央下发的《关于做好农户承包地使用权流转工作的通知》中明确指出："土地流转是农村经济发展、农村劳动力转移的必然结果。只有第二、三产业发达，大多数农民实现非农就业并有稳定的工作岗位和收入来源的地方，才有可能出现较大范围的土地流转，发展适度规模经营。"

②规范中介行为，防止在土地流转过程中损害农民利益。市场型土地流转中介机构是指那些介于政府与企业之间、农户与投资者个人或单位之间，为农户和农业投资者等市场主体提供土地流转信息咨询、土地流转代理或托管、土地流转法律帮助等各种服务，并且为市场主体进行土地流转协调、土地流转价格确定、土地流转评估、监督和检查等活动的机构或组织。由于土地流转信息是由中介收集提供，所以土地流转价格的确定受中介机构的影响较大。封闭信息、低估地价等不规范的中介行为会严重损害农民利益。此外，为满足投资者的需要，可能通过欺骗农民等不正当手段，实现土地流转。为防止土地流转中介机构在土地流转中损害农民利益，应严格规范土地流转中介的行为，包括成立准入条件、市场行为、经营领域和规模、监督管理等。一方面，制定办法、出台规定，规范土地流转中介行为；另一方面，应设立土地流转中介机构的专门管理机构或部门，强化对中介机构的监督与管理。

③加强流转后土地质量管理，防止流转后地力下降、生态恶化。虽然对土地流转的用途、所有权等进行了规定，但是目

前约束的多是一些显性特征，如土地用途不改变、符合土地利用总体规划等。现实中，通过市场化实现的土地流转，投资者为追求利益，降低生产成本，可能会不注重土壤肥力保持，弱化对土地利用的生态保护，出现掠夺地力、农田生态环境被破坏、土壤生态肥力下降等情况。为防止土地流转后地力下降、生态退化，一方面，在土地流转协议中，应增加对区域农田基本设施、农田生态环境建设与保持的约定内容，形成保持地力、维护生态的责任约束；另一方面，政府或中介机构应加强对土地流转后土壤肥力的监测，强化对农田生态环境的建设和监管，实现土地流转后经济效益和生态效益的“双赢”或“多赢”。同时，政府在进行农田基础设施建设和农业综合开发时，资金可适当向土地流转受让的农业大户或企业倾斜，确保农田基础设施建设和生态保护得到资金支持，巩固农业的战略地位。

④加强土地承包信息管理，防止借流转破坏原有承包关系。农村土地能在市场上顺利流转的重要基础就是土地承包信息全面、准确、可靠。虽然包产到户已30多年，期间调整过数次，但农民手上仍缺少准确的农村土地承包证书，农民间以相互习惯认可的界址标志（一棵树、一块界石、一条沟、一根木桩）、面积为依据，认定承包土地的四至和相邻关系。通过市场化流转后，在规模化经营过程中，有的土地必然会打破原有界址，化零为整进行耕种和作业。打破土地界址后，给恢复原有土地承包关系带来难度，甚至使农户间为承包地的划分产生矛盾。因此，应加强原有土地承包信息的管理。明确每家每户承包土地各地块的四至、面积、位置，并做到图、数、实地一致；建立完整的土地承包台账，建立有图纸和数据的纸质信息和电子信息，保证地块界址即使打乱了，恢复仍有依据；颁发土地承包证书，把包括有明确土地承包信息的土地承包证书发到农民手中，让农民持证放心流转，并通过土地承包证书

维护合法权益。

2. 农村土地入股型模式设计与风险防范

（1）农村土地入股型流转的意义

农村土地入股型流转是农户以土地承包经营权折价入股，直接与农业企业合股，农业企业出资金、技术，由多户农户与企业或投资者组成农业股份公司，从事农业生产、加工、销售等经营。农户获得保底收入、红利，还可在股份公司务工。在重庆、四川、广东等地这种模式已出现，并产生了较好的效果。

①农村土地入股型流转可以保障农民收入。农民通过以土地入股成为股东后，在得到最基本利益保障的前提下，可参与企业赢利后的第二次利润分配。公司返聘农民务工的工资收入，使农民增收有了保障，建立了农民收入稳定增加的机制。以重庆桂楼食品股份有限公司出资与重庆市涪陵区江东街道办事处营盘村农民土地承包经营权折价入股成立的东江生态农业扶贫开发示范园为例，该村 2006 年人均纯收入 3 351 元，通过入股模式，该村的 160 户承包户在 2007 年第一次分红中，每股分红达到 2 735 元，加上保底的每亩土地的租金收入 800 斤稻谷（按市价计算），以土地入股的农户每亩收入 4 315 元，是传统农业收入的 846%，比当地土地租赁收益高 3. 55 倍。

②农村土地入股型流转可以促进农村劳动力转移。土地入股型流转拓宽了农村土地承包经营权的流转渠道，通过改土地粗放式、分散式经营为集约化、规模化经营，提高了土地的使用效益，极大地激活了农业生产力，也大大提高了农村劳动生产率，将更多的劳动力从土地中解放出来，促进了农村劳动力转移。以上面的营盘村为例，目前该村园区常年从事种植业的员工只有 18 人，人均管理耕地 23. 1 亩，而入股前人均仅占有耕地 0. 82 亩，大量人员走向村外，从而推动了劳动力转移。

③农村土地入股型流转是城乡互动的载体。农村远远落后

于城市，亟待得到强有力的扶持和帮助，但目前如何按照市场规律实现工业反哺农业、城市支持农村一直是困扰政府部门的一个难题。土地入股型流转将吸引大量城市工商资本进入农村，带来了资金、技术、人才，也带来了新理念、新思维和城市文明。由于企业化、工业化、规模化经营，大量初级农产品通过精深加工进入城市。农村土地入股型流转可以实现“两进两出”，即农业技术和市场信息、农业投资要进农村的“两进”，农产品、农业富余劳动力要出去的“两出”，这两者有效地促进了城乡互动，农地入股型模式已成为城乡互动的载体。

（2）操作办法

农村土地入股型流转就是根据农民自愿，在科学评估的前提下，对农村土地进行合理估价，按承包期限，对农户的承包土地进行折价，按折价计股，农业投资者以现金参股，或通过评估，以某项技术入股，共同组建股份公司，从事生产经营。

①土地折股。按照简便且大多数农民可接受的原则，将土地承包经营权通过评估作价等方法折算为一定单位的股份，成立土地评估小组，对土地进行评估，为折股量化提供依据。作价方法灵活多样，按土地地片地块计算，或按照不同土地的年收入计算，或农民与农业企业谈判确定，或以上方法加权平均计算。

②农户保底金的确定。根据当地农民收入水平、消费水平和人均土地面积，以及土地产出收益，由政府、农户和投资者共同确定农户的人均或户均的保底收入。无论股份公司经营状况如何，每年按期支付给农户保底金。我国土地保障功能的多样性和农户市场参与的弱者性，决定了在农地入股中应有农户保底金，因此，该股份公司是一种非完全的股份公司。

③股份设置。农村土地入股型流转要设置不同类型的股份以及各类型股份在股份总额中的比例分配。股份类型应设置土

地股、资金股、技术股、管理股等。土地股为农民原来承包的土地作价折成股份；资金股以投资者投入资金计股；技术股为技术投入者经评估后作价折成股份；管理股是管理者拥有的股份。根据共同确认，确定土地股、资金股、技术股、管理股等在总股份中所占比例的最低限和最高限，以及股份出让的约束条件和权利。

④建立股份合作企业。农村土地入股型流转在土地折价、保底金确定、股份设置的基础上，组建股份合作经营企业。但这种股份企业与普通股份企业有所不同，表现在企业股东以农民为主体，农村土地承包权折为股份，企业经营内容是农业或农业延伸的其他产业，农民有保底收益等。股份合作经营企业是独立的法人主体，企业拥有代表全体股东共同意思的企业章程。企业章程除对企业名称、地址、注册资金等有记载外，还包括土地股权的设置、企业的组织机构、经营模式、股东的权利和义务以及分配方式等规定。它是企业的组织准则和行为准则，企业管理者按照章程的要求和规定进行管理和营运。组织架构一般分为股东大会、董事会、监事会、专业劳动组或劳动队。

（3）农村土地入股型流转风险防范

①加强农村劳动力转移，防范农民入股后失业。农户按土地入股流转后，收入包括股份红利、保底金和劳动所得三部分。虽然通过土地入股流转可以让农民从土地的生产经营中解放出来，向非农产业转移，但可能出现部分农民土地流转后，由于没有掌握某些专门技能，无法从事非农产业，或由于建立的股份公司生产效率提高，人均耕作面积增大，部分农民也无法从事农业，从而导致农村剩余劳动力无法转移，形成流转后显性失业的状态。由于没有劳动收入，可能影响农户家庭收入，影响农民的生活质量和福利，形成由于土地流转后部分农村劳动力失业的直接风险。为降低这种风险，首先，股份企业

的用工应优先聘用以土地入股的农民，保障部分进城就业困难的农民有就业机会，使部分农民从自己生产经营的农民变成自己入股企业的工人，既不离土也不离乡。其次，针对年龄适宜、有进城就业愿望的农民进行基本技能的培训，提高农民进城就业的竞争力和选择性。再次，村集体或股份企业应及时发布城市用工信息，让通过培训、适合相应工种的农民及时进城就业，实现离乡就业。

②发展和完善农业保险，降低农业面临的市场和自然风险。在市场经济大潮和现有的农业生产模式中，农业企业同样存在着巨大的市场风险和自然风险。土地入股后，农业生产规模增大，受自然和地理条件影响，特别是异常气候和自然灾害等给农业带来极大的不确定性，这种不确定性表现为农业生产的自然风险。股份企业生产的农产品投放市场后能否获利的不确定性，以及产品市场竞争力、产品生命周期等的不确定性，会带来市场风险。由于农业产业信息服务系统发展滞后和农业生产周期长的特点，无法及时采取有针对性的措施保证生产的有效性。同时，农业生产与农产品市场信息的时滞性也带来一定的不确定性，土地入股后，农业生产规模增大，这种不确定性带来的风险将更大。为降低这种风险，应建立和完善农业保险。一方面政府出资和出台优惠政策，建立完善的农业保险体系。制定由财政提供农业保险公司启动资金、补贴保费或业务费、减免税收，以及为经营农业保险亏损的保险企业提供无息或低息贷款等财税、金融优惠政策，支持经营农业保险的公司开展满足农业生产规模差异、类型多样的农业保险业务。另一方面大力宣传，出台相应政策，鼓励企业根据农业生产企业规模的不同购买相应的农业保险，最大限度地降低农业企业的自然风险和市场风险。

③加强土地用途管理，防止企业为追求利益改变土地用途，影响粮食安全。土地入股流转建立农业企业，实现规模经

营，是农业发展的必然。土地入股成立企业后，企业效益是判断股份企业经营好坏的最重要指标之一。同时，实现规模生产经营后，农业的旅游、观光、休闲等其他价值也更加突显。土地入股流转建立企业，可能会出现建设永久构筑物而局部改变土地用途、借农业结构调整改变耕地为其他用地而减少耕地面积的情况，甚至出现违规和影响区域粮食安全的现象。按照党的十七届三中全会的精神和要求，在土地流转中不得改变集体土地所有性质，不得改变土地用途，不得损害农民承包权益。为防止企业为追求利益改变土地用途，应制定土地集中、农业规模化生产的土地用途管理办法，特别是针对耕地中的基本农田要制定严格禁止改变农业用途的管理办法。耕地中一般农田限定改变农业用途，明确不同规模的农业生产的临时用房的建设面积，限定临时用房的用途，防止借修建临时用房之名乱占耕地。改变农业生产的补贴办法，让土地入股流转后从事农业生产的股份企业真正获得各项农业补贴。增加政府对农业基础设施建设的投入，改善农业生产条件，为通过土地流转成立的农业企业提供一个较好的发展环境。

④坚持入股自愿，防止违背农民意愿强行流转。以土地入股进行流转，必须按照农户自愿的原则进行。以土地入股是吸引外面资金和技术的契机，一些地方为了追求政绩或谋取私利，集体经济组织或政府以公共利益的名义，利用行政手段强迫农民流转土地，为了规划某某示范区、产业带或产业基地，将农户承包土地强行集中。政府应加强服务，积极引导，有效推进土地入股建立农业企业。必须尊重民意，加大宣传，引导农户自愿通过入股形式流转土地。各级政府、村集体应全面介绍和宣传土地入股流转的各环节、效益来源，风险表现等，向农民普及国家政策和相关法律知识，杜绝草率流转，或者拒不流转、造成耕地撂荒。以土地入股建立农业企业，政府和集体应全面对投资者进行考察，判断其投资能力、经营能力、管理

能力和信用水平等。这样，企业才能长期发展，有较强的抗风险能力，保障农户以土地入股后的收益。

3. 无偿转包模式

(1) 基本做法

农民在承包期内，自找对象，自行协商权利义务，自定转包期限，将种不了或不愿种的土地转包给愿意种又种得好的农户。这种流转形式多发生在父子、兄弟及亲朋好友之间，一般为无偿转包，期限较短，流转面积较小，原承包关系不变。

这种方法主要发生在人均土地面积较多、交通不便、偏僻的渝东南、三峡库区等区县。一些农户为了完成定购任务或避免抛荒受罚，把土地无偿甚至“倒贴皮”转包给别人，土地使用权不仅没有收益，反而成为一种负担（杨德才，2005）。通过土地使用权的流转，解除了农民的后顾之忧，使农村富余劳动力得以从土地的束缚中解放出来，持续稳定地向非农产业转移。农民不但从土地流转中得到实惠，而且促进了劳务经济的加速发展。

(2) 存在的不足

无偿转包模式主要发生在亲朋好友之间，没有任何书面协议，完全凭信用支撑土地流转。这种流转方式存在以下不足之处：

①流转行为规范问题。以无偿转包方式流转时，大都采取口头协议的形式，很少通过有关部门签订书面流转协议。由于缺乏必要的监督和约束机制，纠纷时有发生，且解决纠纷时欠缺可靠的依据。

②流转价值补偿问题。土地承包经营权的流转大多是无偿或低价的，这样必然导致农民无论是否有稳定的非农收入来源，都不会放弃自己的土地，也使得兼业农户与农地的分离难上加难，从而进一步限制了农村土地的合理利用。在现实中，由于目前国家取消了各种农业税费，农民一般不愿意无偿流转

土地。

(3) 现实条件下的解决方案

①制定土地流转登记制度。土地流转双方需在平等互利的基础上签订书面合同，以明确各自的权利和义务。此外，还应依法向政府主管部门申请产权变更登记，需要公证的，可到政府公证部门办理公证手续，以利于保护合同双方当事人的合法利益。土地承包经营权流转期满，无论是否延期，有关农户都应及时向集体经济组织进行汇报，以利于集体经济组织对所属农用地的正常管理。基层政府在管理上应简化程序，规范收费，以免加重农民的负担。

②遵循有偿原则。在土地承包经营权流转的过程中，需要遵循有偿原则。实行有偿流转的依据在于原承包人在承包期限的剩余时间，将承包的土地作为一种社会保障手段流转给他人而应得到的补偿。

4. 租赁经营模式

(1) 基本做法

出租是承包人将其承包的土地租给他人（既可以是本集体经济组织以内的成员，也可以是集体经济组织以外的人员）经营，但自己仍保留土地承包经营权人的法律地位，仍与发包方保持承包合同关系，承租人根据同承包经营权人的租赁合同享有权利、承担义务，不是物权法上的主体。出租主要适用于承包经营权人暂时脱离或无力进行农业生产经营，但又不想放弃其土地承包经营权的情况。承租双方可以对租金、期限、权利义务等进行协商（丁璞，2008）。由于这种方式有较大的灵活性，所以在农村土地流转中占有较大的比例。农户将土地经营权租赁给企业、单位和个人，用于发展开发性农业，业主一次性或分期付给农户一定的租金。这种形式流转的土地一般是荒山、荒坡、边远地，流转期限较长。

在市场利益驱动和政府引导下，出租方（即农民）将其承包土地经营权出租给大户、业主或企业法人等承租方，出租的期限和租金支付方式由双方自行约定，承租方获得一定期限的土地经营权，农民按年度以实物或货币的形式获得土地经营权租金。

（2）不足之处

出租是当前重庆市农村土地流转中大家最为熟悉和各方都接受的方式，是推动农业规模经营和产业发展的主要形式，但其中也存在一些法律障碍和不足之处。

①生产管理用房问题。《国务院关于深化改革严格土地管理的决定》第十二条明确规定，基本农田一经划定，任何单位和个人不得擅自占用，或者擅自改变用途。这是不可逾越的“红线”。事实上，所有农村土地流转经营主体在租赁土地进行农业生产和经营时，均需要一定面积的土地建设生产管理用房。对于建设用地的指标问题，重庆各区县执行的标准差别很大，巴南放宽到10%，江北2%～5%，还有区县政府没有明确规定，由经营主体根据生产经营需要自行调整，如梁平和忠县。

②租赁期限问题。重庆市农村土地延包时间大多是到2028年，土地出租期限最长也只有21年，“农村土地流转期限不得超过承包期”是农业部颁布的《农村土地承包经营权流转管理办法》中的明确规定。部分承租业主和企业认为农业项目的投资回收期较长，大量的投入后投资回报率因租赁有期限而降低，更重要的是，租赁到期或本轮土地承包到期后，其土地上固定物的处理等均找不到法律依据，从而影响了他们的投资积极性。

③农民的诚信问题。部分农民自己无力经营一些高投入高产出的产业，就把土地租赁给业主或企业，但当业主和企业投入大量资金、土地产出效益逐步提高的时候，农民往往会在利

益面前表现出诚信度不高等问题，要求提高土地租金，甚至单方撕毁合同，要求退还其土地承包经营权，业主或企业的利益得不到保障。如忠县涂乡友谊村的业主申某（三峡首批迁到山东的移民），租赁该村柑橘园 90 亩 3 500 株，2006 年签订的合同是每年每株 6 元。申某投入了 10 多万元，对柑橘园进行整治和管理。有户农民看到自己原来不像样子的柑橘被他搞得这么好，单株收益明显提高，就找到申某要求提高租金，申某无计可施。还有好多其他农户在观望。

④承租方的诚信问题。部分业主在取得土地经营权以后，擅自改变土地使用性质或对土地实行掠夺式经营导致耕地质量下降。部分业主和企业在其经营项目的收益没有达到预期目的后，不兑现其租金承诺或要求降低土地租金，有的甚至携款潜逃，农民的收益得不到保障。如大足县雍溪镇石堡村 2003 年引进铜梁正邦苗木有限公司承租土地 260 亩搞苗木基地，结果正邦公司在 2005 年 2 月不辞而别，给当地政府留下后患，致使政府筹资 25 万元支付农户的承包费，并为土地复耕。

（3）现行法律条件下的解决办法

①采用两种方式来解决管理用房问题。一种方式是鼓励承租方用货币一次性买断迁出农户的农村宅基地，将土地整理后置换农村建设用地指标；一种方式是在经行政主管部分审批和集体经济组织中大部分农户同意的情况下，缴纳土地复垦费用，取得临时建设用地。

②建立土地流转风险保证金制度，以保证租赁合同的实施。在签订土地租赁合同时由政府代收一定数量的土地流转风险保证金，以土地流转风险保证金制度来约束出租双方的行为，保证土地租赁合同的有效实施。这一点在九龙坡区出台的《九龙坡区农村土地承包经营权流转管理试行办法》中有明确的规定。

③征收土地复垦保证金以约束承租方的行为。对部分改变

土地农业用途的承租方，要收取一定数量的土地复垦保证金，以此来防止承租方在生产经营过程中擅自改变土地使用性质或对土地实行掠夺式经营导致耕地质量下降，以保障农民利益。

5. 地块互换模式

互换是指为方便农户耕种与集体管理，或发展专业生产，农户之间对属于同一集体经济组织的承包土地经营权进行交换。互换同转让相类似，实际上是一种相互转让。但与转让不同的是，农户进行土地承包经营权互换时，各承包人不解除与集体经济组织的合同关系，仍然按照各自原来的承包合同分别向原发包方履行义务（楚天骄，2002）。互换作为集体内部土地承包经营权流转的方式，不仅成本低，交易便捷，且方便土地经营，更为建立统一规划的土地经营区起到了举足轻重的作用。为方便耕作管理和规模发展特色农业，通过集体出面协调、农户自愿协商的办法，将农户经营的地块相互交换经营权，流转期限具有一定的周期性。地块互换，使土地“化零为整”，较好地解决了地块零散、不便耕作的问题，促进了产业的集中布局和成片规模经营。

6. 重庆市农用地流转模式案例

(1) 忠县：推行五种模式流转土地

重庆博富文柑橘有限公司以承包的方式，租赁经营忠县黄金、拔山等八个乡镇的4.5万亩柑橘园，租赁期30年。这是忠县加快土地流转、促进产业发展的一次尝试。2006年以来，忠县以产业发展为突破口，以土地流转促进产业发展，积极推行五种土地流转模式。2010年全县累计流转农村承包土地26.54万亩，占全县承包耕地面积的35.6%，其中涉及外出务工农民的土地达20多万亩。一是公司租赁。该县已吸引15家龙头企业到忠县租赁6.2万亩土地从事农业产业化经营。重庆博富文柑橘有限公司租赁13 014户果农的柑橘地；果农在获得土地租金的同时，还在柑橘园区务工，较单纯种植柑橘增收

4 倍以上。二是大户承包。目前该县共有种植大户 3 248 户，流转土地 8 万亩。马灌镇鹤林村和双基村 2002 年实施退耕还林建立桑树园，由于青壮年劳动力大多外出务工，疏于管理，桑园荒芜。为巩固退耕还林成果，经镇、村、组干部和退耕农户代表讨论，将原 729 户农民所有的桑园地转包给黄某、向某、袁某等 10 户发展蚕桑产业。其中，黄某承包了 350 亩，承包期限 16 年。截至目前，两村共签订流转合同 15 份，转包面积 2 120 亩，占该村退耕还林总面积的 72. 4% 。三是土地入股。2008 年5 月成立的重庆市燕山柑橘专业合作社，涉及 750 户，入股土地 4 500 亩，所获收益的 50% 按照社员入股的土地面积分配，其余收益按照社员与合作社农产品交易量分配。四是代耕代种。全县代耕流转 13 817 户，流转面积 47 630 亩。永丰镇关桥村李某代耕 10 户的耕地 50 亩，种植草皮用来饲养蛋鸡 5 000 只。五是社会认购。忠县开展“乡下有我一块地（一棵树）”的认购活动，积极鼓励城镇企事业单位和居民到农村自愿认购一块地或一棵果树，自己参与种植管理。已有县农办、县农业局、县计生委、云河集团等 8 个企事业单位和 100 余户居民在涂井乡友谊村果园认购土地 60 亩，涉及柑橘树 2 500 株。

（2）大足县：“四集中”推进土地集中经营

一是土地向龙头企业集中。截至 2010 年，全县农业龙头企业已达 36 家，其中经营规模 500 亩以上的业主达 31 户；发展集约化经营的业主 409 个，面积 7 870 亩，其中 200 亩以上的枇杷园 9 个，100 亩以上的枇杷园 8 个。二是土地向农民专业合作社集中。已登记的农民专业合作社 74 个，集中经营土地面积超过 5 万亩。其中，邮亭镇天福村儿菜专业合作社，种植儿菜1 100余亩，被认定为国家 A 级绿色食品，亩产值达 4 000元，农民人均增加收入 2 000 元。三是土地向农业综合开发园区集中。已建立农业综合开发园区 2 万多亩，其中，雍溪镇建成6 000亩的农业综合开发示范园区，引进种植业主和专业大户82家，其中种植西瓜2 600亩、蔬菜2 500亩。业主利润可达3 000～8 000元/亩，带动周边农民月增收300～400元。四是土地向种田能手集中。据调查，该县共有24万外出务工农民，其中有5.6万人的土地进行了流转；单户种植面积在10亩以上的流转累计达6万余亩，单户种植面积在5亩以下的小规模流转累计达8万余亩。

（3）开县：长沙镇以发展柑橘促进土地流转

开县长沙镇柑橘种植面积12 600亩，年产量3.6万吨，是开县柑橘的主产区。该镇福城村有着悠久的柑橘生产历史，全村柑橘种植面积2 800亩，占村辖区面积的80%，年产量5 600吨，为重庆市市级小康示范村。开县长沙镇福城柑橘专业合作社于2002年在张善海等的带领下组建，2007年按《农民专业合作社法》和《农民专业合作社登记管理条例》重新进行登记，由合伙企业法人变更为农民专业合作社法人。该社现有成员798人，分布在福城村6个村民小组，共有1 100亩土地加入专业合作社。合作社实行统一更新品种，统一生产管理，实现管理机制现代化，生产科学化。专业合作社有固定资产28万元，有成片示范基地600亩；年生产经营各类柑橘3 000吨以上，每吨增值200元，为社员增收达60万元。合作社按“民办、民管、民受益”原则管理和运作，组织机构健全，管理制度完备，财务明晰，内部控制机制比较完善。合作社规定：60%以上的纯收益按社员与合作社交易量分配，10%的纯收益按出资多少分配，其余的作为合作社的积累和风险金。

（4）万州区：小岩无公害蔬菜专业合作社土地入股流转

万州区小岩无公害蔬菜专业合作社依托小岩无公害蔬菜基地的农户于2008年1月成立；合作社现有社员110户，种植蔬菜1 200亩，是万州区“菜篮子工程”的主要蔬菜基地。为了进一步提高土地集约化率，在广大社员的积极要求下，合作社开展了以土地承包经营权作价出资实行农民合作、土地集中集约经营的探索。第一，坚持社员自愿。参与合作社土地股份集约经营，坚持社员自愿为前提，以入股方式将耕地流转给合作社（时间暂定三年）。社员自愿入股面积已经达到1 200亩。在入股期内，合作社充分保障入股社员的土地承包经营权、民主管理决策权、收益分配权，并建立台账，对社员入股土地地块坐落、四至边界、面积和土地权证做好记录；合作社除了统一集约经营种植蔬菜外，不得将社员入股的土地转租。第二，经营收益归入股社员。社员参与合作社统一集约经营，按照社员商议标准，每入股1亩土地还需配套出资生产周转金200元。统一集约经营收入扣除生产成本后的纯收益，除了依据章程规定提取一定比例的风险保证金外，其余均按照入股面积多少分配给社员，其保底年收益每亩不低于1 000斤稻谷，未入股社员不得参与集约经营收益的分配。第三，实行“八统一”管理：①统一规划品种，确保成片种植，实行规模经营；②统一生产技术标准；③统一机械化耕作，统一购置旋耕机；④统一采购生产资料，由合作社统一在专家指导下定点采购肥料、农药等；⑤统一生产管理，确保标准化生产；⑥统一组织销售，在万州蔬菜批发市场设立了基地蔬菜批发门市，对外签订出口辣椒生产“订单”300亩；⑦统一按照集约经营面积分配收益，集约经营部分收益只在入股社员内部分配；⑧统一包装和申请产品质量安全认证。第四，按照“民办、民管、民受益”原则管理。实行集约经营土地的入股方式、运行成本的筹集与分摊、收益的分配等办法，均充分经过社员讨论修改并在社员大会通过后，社员与合作社订立书面协议，再统一集约经营，合作社集约经营的各项收支，接受社员的监督，按期公布账目。合作社在组织生产过程中，明确专人负责生产和技术，在有偿安排用工时，优先使用入股社员家庭劳动力务工。

(5) 涪陵：引进重庆中科集团推进土地流转

一是投资现代农业。2007 年，重庆中科集团公司出资注册了“重庆市凯尔辛基绿化园林公司”，规划投资 1 亿元，建设 3 000 亩城市绿化花卉苗木基地，涉及涪陵区义和镇松柏、高峰、机房、华东四个行政村。项目分二期建设，一期工程建设 1 500 亩高标准、高质量的花卉苗木基地，完成土地平整、土壤改良、园区道路等建设项目，定植高档花卉、苗木 200 余亩；其余 1 500 亩建成全市有名的义和现代生态农业示范园区。二是依法租赁农民土地。按照“依法、自愿、有偿”原则，通过租赁方式获得农户承包地经营权，涉及 700 余农户，共 2 000 余人。2007 年以来，在镇政府和区农业部门的指导下，公司与义和镇松柏、高峰、机房等村的 343 户农户和四个农村集体经济组织签订了农村土地流转协议，租赁经营农户承包地或集体“四荒地”1 300 多亩，租赁经营期限 21 年，即第二轮农村土地承包剩余年限。公司投资对土地进行整治，使分散承包到户的土地连块、成片，经实际丈量测算，土地整治后的实际利用面积比农户分户耕种利用的面积高 20% 左右。公司按实际利用的土地面积支付租金，年支付土地租金 54.42 万元。土地整治后连片开发利用，使松柏村的四个农业社以前荒芜的 100 多亩“四荒地”成为可用之地，公司仍按租赁农户承包地的标准支付租金。四个农业社每年可稳定获得 5.81 万元租金收入。三是保障农民的权益。土地租金保底分红。公司与农户签订的土地租赁合同约定，公司按每年每亩土地 700 斤稻谷的标准支付土地租金。公司到当地金融机构给每个出租土地农户设立资金账户，于每年 12 月 31 日前将按当年稻谷市场价折算的土地租金汇入农户账户。在此基础上，从 2012 年起公司按当年折算土地租金的 5% 分红，让农户分享公司经营效益。四是安排就业。公司承诺生态园区主要吸纳出租土地农户务工，两户至少一人，占地较多的安排两人以上。园区建成后可吸纳 500 ~ 800 农民长期务工成为园林工人，还可解决 1 200 ~ 1 500 人季节性务工。公司已安排 200 余名当地农民常年在花卉基地务工，主要是 40 ~ 70 岁有劳动能力者，农民在家门口甚至在自家的承包地上，每年便可挣 6 000 ~ 8 000 元的现金收入，高的上万元。五是落实社会保障。公司对出租土地农户中 50 周岁以上的，每人每年补助 10 元参加新农合医疗保险；支持在公司务工人员参加养老保险，确保其老有所养。

（6）长寿区：土地入股发展规模经营

兴龙华柑橘专业合作社从 2006 年开始组建，2007 年 11 月 20 日在长寿区工商分局注册为“重庆市长寿区兴龙华柑橘专业合作社”。该社是农民以土地和货币资金入股（每亩入股 200 元）组建起来的股份制农民专业合作社。现有社员 107 户，入股土地 310 亩，入股资金 6.2 万元。合作社实行统一经营，统一核算，合社社所获收益按入股土地面积分配。长寿区股田柑橘专业合作社是在原来以土地承包经营权折资入股成立的宗胜柑橘果品有限公司基础上改制成立的。改制后的合作社全部由农户构成，现有成员 918 户，注册资金 25 万元，由成员按每亩 300 元入的现金股，入股土地 1 385 亩（土地没有折价入股，只作登记），合社社所获收益主要按入股土地面积分配。

（二）重庆市农村集体建设用地流转模式创新

1. 农村集体建设用地流转模式

（1）出租。出租是宅基地流转中最为普遍的一种方式，主要是指依法建房后的农民为获得较高的收益，将房屋在一段时间内出租，收取租金，承租方用做住宅、仓库、办公室等。此类流转多发生在城乡结合部或者经济比较发达的地区。

（2）买卖。买卖是指将宅基地使用权和房屋所有权进行让渡。主要指发生在集体内部成员之间、不同集体之间、集体与城镇居民之间的房屋买卖，在买卖的同时宅基地也发生了流转。多数是剩余、闲置房屋的买卖，同时包括外出务工人员经济收入达到一定水平时在城市购买房屋后将原先农村的宅基地出售给他人居住，也包括“农转非”留下的房屋和一户有多处房子但又无人居住的情况。

（3）政府的新居工程。传统的农村住房供求模式是当农民有住房需求时，向村民小组或村民委员会提出建房申请，申请建房用地，经上级主管部门批准后无偿提供宅基地，农民自筹资金建造新房，基本上是“自给自足”的供求模式（李龙，2003）。而进入由政府统一规划、统一建造的居住点后，宅基地或被收回，或置换为耕地。当家庭收入、家庭规模、生活方式发生改变产生住房需求时，农村居民将不能再通过申请宅基地的方式解决住房问题，而只能同城市居民一样，通过买卖来实现住房供给和需求的动态平衡。

2. 典型农村集体建设用地流转模式分析

（1）成都模式

作为统筹城乡综合配套改革试验区，成都市在地权改革方面获得了更大的空间，而一场地震灾害，也让成都面临着更急迫的来自民间的变革需求。“统一规划联合建设”是成都市灾后重建中进行安置区建设的一大亮点。它实现了集体建设用地的节约集约利用，动员社会闲散资金与灾区农民合伙联建新居，拓宽了安置区建设的资金来源，为灾后重建作出了重大贡献。

房屋联合建设模式适合那些具有较高区位优势或者一些遭遇特殊自然灾害的地区，如自然条件较好的风景区或山区，可以经营休闲、观光产业的地区以及那些遭遇自然灾害破坏严重的特殊地区。联建方式主要有单户联建和多户联建（含零星建设用地整理)。一是单户联建，指一家或多家联建方与一家农户实行联合建房，建房占地面积不得超过农户原宅基地批准面积。二是多户联建，是联建方与两户及以上农户实施联合建设，有拆旧区（农户原宅基地)、安置区和建新区（联建方所得剩余集体建设用地)，安置区和建新区面积不得超过拆旧区面积。三是零星建设用地整理，指以组为单位，参与农户将宅基地全部交给集体经济组织，由企业或个人出资进行集体建设用地整理，统规或统建为农户修建安置房，并统一进行基础设施配套，剩余的集体建设用地按政策流转或出让给该企业或个人。

①操作办法。第一，农户以本户宅基地使用权证向所在的农村集体经济组织提出联合建房申请，经集体经济组织同意后，将其合法取得的宅基地扣除自住用地后，剩余的集体建设用地交由农村集体经济组织进行流转。第二，农户与联建方选址，按规划许可及规划用地条件和流转合同实施联合建设。第三，联合建房竣工验收合格后，农户与联建方共同向市（县）国土资源局提出土地登记申请，市（县）国土资源局对农户的原宅基地使用证进行变更，对农户颁发集体建设用地使用证，土地用途为住宅；为联建方使用的剩余建设用地颁发集体建设用地使用证，土地用途为非住宅（包括商业、旅游和服务业等)，土地使用年限参照国有建设用地出让年限或自行协商确定。

②保障措施。《中共中央关于推进农村改革发展若干重大问题的决定》中提出要健全严格规范的农村土地管理制度，并指出:“在土地利用规划确定的城镇建设用地范围外，经批准占用农村集体土地建设非公益性项目，允许农民依法通过多种方式参与开发经营并保障农民合法权益。逐步建立城乡统一的建设用地市场，对依法取得的农村集体经营性建设用地，必须通过统一有形的土地市场、以公开规范的方式转让土地使用

权，在符合规划的前提下与国有土地享有平等权益。”

成都市作为“全国统筹城乡综合配套改革试验区”，在成都市委市政府2008年“一号文件”精神的指导下，以“还权赋能”和“让民做主”为核心内容的农村产权制度改革在各区县积极稳妥地推进。同时，为贯彻市委市政府“一号文件”精神，保证农村产权制度改革试点工作依法进行，及时发现和妥善处理改革中遇到的法律问题和潜在风险，切实维护农民的合法权益，确保农村产权制度改革目标的实现，首次明确要求律师参与其中，并由政府聘请律师为农民提供法律服务。

2008年9月14日，中共成都市委统筹城乡工作委员会、成都市国土资源局联合下发《关于重灾区农户灾毁住房联建等有关事项的通知》。这份通知中关于农村集体性质土地产权的规定有了如下突破：农户与联建方共同向市（县）国土资源局提出土地登记申请，市（县）国土资源局对农户的原宅基地使用证进行变更，为农户自住用地发放集体建设用地使用证，土地用途为住宅；为联建方使用的剩余集体建设用地发放集体建设用地使用证，土地用途为非住宅（包括商业、旅游业、服务业等），土地使用年限参照国有建设用地出让年限或自行协商确定。

③与现行制度和法律的冲突。《土地管理法》第三十六条规定：“非农业建设必须节约使用土地，可以利用荒地的，不得占用耕地；可以利用劣地的，不得占用好地。”而在统一规划联合建设过程中，为保障联建方后期利益，联建房屋多选择在区位条件较优的地区，导致大量好地被占用，不利于土地资源的优化配置。《土地管理法》第六十三条规定：“农民集体所有的土地使用权不得出让、转让或者出租用于非农业建设。”国土资源部于2004年11月2日发布的《关于加强农村宅基地管理的意见》中也重申了“严禁为城镇居民在农村购买和违法建造的住宅发放土地使用证”的规定。在统一规划

联合建设中，村民与联建方共同使用集体建设用地建房，在住房分配中，剩余部分住房归联建方所有，并且由集体经济组织中转进行经营，这与土地管理法的规定相冲突。

2000 年下发的《中共中央、国务院关于促进小城镇健康发展的若干意见》中提出，要严格限制分散建房的宅基地审批，鼓励农民进镇购房或按规划集中建房，节约的宅基地可用于小城镇建设用地。而目前开展的统规联建模式中，由农户联合联建方进行集中建设，缺乏规划的合理引导，导致新增宅基地布局分散，未达到集约用地之效。

④潜在的风险。第一，建设用地布局混乱的风险。建设社会主义新农村的目标要求是“生产发展、生活宽裕、乡风文明、村容整洁、管理民主”。其中，村容整洁包括建设用地布局的井然有序。在联建过程中，各宗联建住房及其基础设施配套建设缺乏统一规划，布局不尽合理，同时为吸引联建方投资，联建多选择区位条件较优的地区，用地、选址具有一定的随意性，导致新增建设用地布局混乱。

第二，破坏农村生态环境的风险。在统规联建模式运作中，联建方以获得部分用途为非住宅的集体建设用地使用权为代价投资联建，为保障联建后能收回其投资并获利，联建方在选址时对区位条件有较高的要求，多布局在自然条件较好的风景区或可从事休闲、观光产业的地区，以便从事商业活动。统规联建通过引入联建方为新农村建设注入资金，同时适当进行商业开发，为农村发展营造良好的投资氛围，对新农村建设起到了一定的助推作用，但若缺乏合理的规划引导和控制，建设用地布局在生态环境脆弱区，或对农村生态景观资源进行不当开发，将会导致农村生态环境遭到破坏。

第三，利用集体建设用地从事商业活动的风险。我国《土地管理法》明确规定，农民集体所有的土地使用权不得出让、转让或者出租用于非农业建设。在统规联建中，联建方得到部分用途为非住宅的集体建设用地使用权，他们利用该部分房地产从事商业活动，以回收前期联建的投资资金，这无疑为联建方利用集体建设用地从事商业活动创造了机会。基于经济利益驱动和城市建设用地与集体建设用地巨大的比价差异，部分投资者可能以联合建设为由利用集体建设用地进行商业开发。

（2）天津模式

从2005年下半年开始，天津市围绕破解农村城镇化及小城镇建设中土地和资金双重约束的难题，在广泛征求农民意愿和大量调研的基础上，推出以“宅基地换房”，加快小城镇建设的办法。所谓“宅基地换房”可以定义为：在国家现行政策的框架内，以不减少耕地为前提，高标准规划、设计和建设一批现代化、有特色、适于产业聚集和生态宜居的新型小城镇。农民以其宅基地，按照规定的置换标准无偿换取小城镇中的一套住宅，迁入小城镇居住。原村庄建设用地进行复耕，在不减少总体耕地面积的前提下，将原先的宅基地与耕地进行重新分配，将超过耕地面积下线而富余出来的土地整合后再“招”、“拍”、“挂”出售，用土地收益弥补小城镇建设资金缺口，从而实现农村人口向城镇集中、工业向小区集中、耕地向种田大户集中，农民由第一产业向二、三产业转移。

天津“宅基地换房”模式探索的主要意义：第一，优化资源配置。“宅基地换房”使原先功能单一而集约化程度又不高的土地集中并流动起来，同时通过市场运作的方式使土地资源资本化。第二，打破了城乡间的隔阂。“宅基地换房”使农民集中向城镇转移，改变了居住环境和条件，农民的生产生活逐步实现了城镇化，同时，农民集中迁入城镇从户籍制度上尝试打破城乡二元格局，可以说“宅基地换房”这一举措是加快农村城镇化的一次有益并且成功的尝试。第三，有利于产业升级与经济结构调整。将原先宅基地转化为产业用地，可以用来发展工业、物流、旅游等产业，为农民就业提供了机会，解决了农村富余劳动力转移问题。同时，承包责任制不变，农民还可以继续从事农业生产。第四，改善了农民的生活条件。首先，农民进入城镇后实现了家家通水、通电、通煤气，基础设施条件有很大改善。其次，农民整体素质得到一定的提高。在城市生活，教育水平提高了，同时能接触更多新事物，眼界更开阔，在适应城镇生活过程中其生存技能也会得到提高。第五，农民利益得到保障。首先，在置换过程中，农户原有作价较低的宅基地和房屋换为有独立产权的商品房，农民家庭财产性收入会随着房地产市场的发展有所增加，生活质量得到提高，同时也缓解了多年困扰农村、农民发展的资金问题。其次，天津市政府称，政府将土地增值收益用于迁居农民的社会保险。

①具体操作办法。第一，房屋普查，建立档案。在宅基地置换前，必须做好的两件事就是房屋普查、建立档案。明晰的房屋归属和准确的房屋面积是置换工作顺利开展的基础。房屋普查以镇为单位，由城建规划部门进行房屋测量，建立房屋档案，获得准确的第一手资料。同时，由村民委员会成立工作小组，进行村民身份认定，确定村民数量。第二，新区规划建设。依据土地利用规划和城镇规划进行新区选址，尊重农民的住房习惯和意愿进行住房设计，同时进行基础设施配套建设。第三，村民申请。对于自愿换房的，由农民提出换房申请，同时提出自愿整理原宅基地的申请。第四，与村委会签订换房协议。申请批准后，村民与村委会就现有住房情况、拟选择的置换面积、货币补偿金额或补缴金额、原房屋拆除事宜、交房时间、违约责任和其他预定事项等内容签订协议。第五，房屋分配。在房屋分配中，注意区别主房和附房，不同房屋置换标准不一样。根据先前的房屋核查数据确定主房和附房面积，每1平方米主房可置换1平方米商品房，每2平方米附房可置换

1 平方米商品房。同时，不同区域对人均置换面积和补偿标准也做了不同规定。华明镇作为天津市探索宅基地换房的先驱，在实际操作中规定：按照 30 平方米/人的标准置换商品房，一户人家最多可换取 3 ~ 4 套房子，超出面积部分，给予货币补偿；如果原有农房面积小于按人均标准换得的商品房面积，那么，其换取的商品房中超出的面积需按 400 ~ 600 元/平方米进行差价补偿。此外，还可优惠购买 8 平方米——其中的 5 平方米，以每平方米 1 000 元计价，3 平方米以每平方米 3 800 元计价，其他超标面积，每平方米售价 5 000 元。如果村民的房子是楼房，换取商品房之后，还可以获得政府 300 ~ 400 元/平方米的补贴；如果村民原来的房子是土坯房，那么农户获得新房后，需向政府缴纳 200 元/平方米的差价。

②保障措施。在法律上，《物权法》第一百五十三条规定："宅基地使用权的取得、行使和转让，适用土地管理法等法律和国家有关规定。"这明显为以后的制度改革留出了法律空间。除了《土地管理法》等相关法律的修改完善外，国家有关政策的出台也可以为农村宅基地流转作出制度设计和安排。

在政策方面，《国务院关于深化改革严格土地管理的决定》规定，在符合规划的前提下，村庄、集镇、建制镇中的农民集体所有建设用地使用权可以依法流转。这是中央文件第一次明确提出集体建设用地使用权流转的政策。2006 年 3 月，国土资源部发布《关于坚持依法依规管理节约集约用地支持社会主义新农村建设的通知》，指出要适应新农村建设的要求，经批准稳步推进集体非农建设用地使用权流转试点，不断总结试点经验，及时加以规范完善。2008 年 10 月，《中共中央关于推进农村改革发展若干重大问题的决定》中提出了"依法保障农户宅基地用益物权"，进一步在全国范围内确立了保障农村宅基地流转的政策导向。

在“宅基地换房”的具体推进过程中，为解决农民搬迁后生活成本提高的问题，政府提供了太阳能及中水设施补贴、楼房差价补贴、租房费等21项资金补贴。作为改革的先行者，政府逐步加大对示范小城镇农民生活保障和基础设施建设的资金投入，同时争取对农民的户籍制度进行改革，让农民们不仅生活条件城市化，身份也城市化。农民迁入城镇居住后，如何保障长远生计是农民最关心的问题，对此政府也做了考虑，在集中居住区规划的同时预留了产业园区，通过招商引资不仅可以增加集体经济组织的收入，同时也可增加农民的就业岗位，让农民真正得到实惠。

③与现行制度和法律法规的冲突。我国《土地管理法》第二条规定：“任何单位和个人不得侵占、买卖或者以其他形式非法转让土地。土地使用权可以依法转让。”第六十三条规定：“农民集体所有的土地的使用权不得出让、转让或者出租用于非农业建设。”在宅基地换房过程中，原村庄建设用地进行复耕，在不减少总体耕地面积的前提下，将原先的宅基地与耕地进行重新分配，将超过耕地面积下线而富余出来的土地整合后再“招”、“拍”、“挂”出售，这明显与法律规定农民集体所有土地使用权不得流转相冲突。同时，我国实行最严格的耕地保护制度，确保耕地数量不减少，质量不降低，《土地管理法》中也指出国家鼓励土地整理，以此提高耕地质量，而以宅基地换房后，将原先宅基地复垦，与耕地一起重新分配，新复垦耕地未进行培育，肥力低质量差，进行重新分配势必导致耕地整体质量下降。

④存在的风险。第一，农业生产方面。在换房过程中，先前集中居住区建设占用优质耕地，而经宅基地复垦后补充的耕地肥力较差，需要长期开垦才能恢复生产力，这可能使得该地区耕地质量总体下降，影响粮食产出率。新开垦的耕地，其产

量和收益肯定比其他田地低，导致农民收益受损，降低了农民从事农业生产的积极性。此外，农民通过宅基地置换后整体搬迁到城镇集中居住，远离农地耕作区，往返耕作必定会增加农业投入成本，这也可能会导致出现土地抛荒现象。针对上述情况，在布局集中居住新区时，要考虑到生活区与耕作区之间的距离，既要满足居住需要又要方便耕作。同时，耕地分配时，分配到新开垦耕地的农民应该得到一定的补偿，以激励农民进行农业种植。

第二，农民生活方面。进入城镇居住后，基础设施得到改善的同时生活成本也在提高。如果没有就业和社会保障，农民的长远生计应该如何安排？这就要求在“宅基地换房”的整个体系中，应该对搬迁农民的生活和社会保障作出适当的安排。政府应组织就业培训，对搬迁农民进行集中培训，帮助农民提高应对生活的能力。城镇化不仅要求农民生活环境达到城镇水平，更要求农民的生存技能达到城镇生活的要求，这才能保证农民真正实现城镇化。

第三，其他方面。部分集中居住区建设一味追求规模，在实际开展中难以起到盘活存量土地资源的作用。由于农村规划编制滞后，集中居住区的规模和功能缺乏统筹，存在规模一味求大、功能一味求全的现象。如果按照这种模式来推动宅基地置换，则不仅不能节约土地资源，反而导致对土地更粗放的经营，对市郊未来的建设和发展留下隐患。

(3) 佛山模式

在各地积极推进宅基地流转模式探索的过程中，佛山市在成都、江浙实行的“两分两换”即承包地换社保、宅基地换住房的基础上进行了创新。佛山市开展宅基地换房时亦采用“两分两换”模式，“两分”指村民旧宅基地与建设新社区用地分开，村民住宅的拆迁与新社区建设分开；“两换”即村民以宅基地及住宅与新建社区住房对价置换，以新建集体物业换社会保障。

通过实施“两分两换”，土地节约集约效果明显；盘活农村非农建设用地存量，拓展城市和工业发展空间；置换的房屋，土地证、房产证齐全，消除了农村住房不能抵押、交易的体制障碍，使农民的财产性收入明显增加；把新农村建设的重点引导到农民市民化、农村城镇化，可以使更多农民成为真正意义上的市民，同时使农民养老等得到更好的保障。

①具体操作办法。在具体开展“两分两换”的过程中，佛山市选取了禅城区镇安村、南海区桂城街道夏南二村、顺德区五沙社区居委会、三水区乐平镇大旗头村、高明区西江新城五个区开展试点。各区试点因地制宜、各具特色。

禅城区试点是由村集体通过引入开发商，利用征地的“集体留用地”合作开发，建设成商务、商住一体化的现代化城市新社区，与村民的宅基地及住宅进行对价置换，集体商务物业经营收入，用于村民的社会保障、基础设施建设、股份分红等。该村首期启动工程总建设面积按出地面积比例分成，村委会集体分成部分作为集体资产归村集体所有，经营收益用于集体经济发展、福利事业建设等。各村民小组分成部分，由村民按自愿原则，分期分批实行宅基地及住宅对价置换。村民小组分成的建设面积，置换后的剩余部分用于上市，所获收益归村民小组集体所有。南海区试点以“宅基地换房”为引擎，设计了“三分三换”方案。“三分”，即自治组织与集体经济组织分离、住宅区与经营区分离、宅基地与地上物业分离；“三换”，即居民住房置换公寓（含新物业）、旧宅基地换（新建）投资、旧宅基地使用权置换股权。顺德区为解决宅基地固化遗留问题，大良街道办事处对五沙村农民宅基地进行货币收购，通过土地整合利用部分土地建设公寓式住宅小区，再以优惠政策吸引农民上楼。三水区大旗头村通过旧宅基地置换房屋，实现农民集中居住，同时结合土地承包经营权置换社保开展土地流转，实现农业、服务业与旅游业三者合一，引导农业与第三产业结合，在促进农业发展的同时，保障释放的劳动力顺利向第三产业转移。高明区试点中，将农民宅基地及房屋根据“等价等量”原则，按照规定的置换标准换取西江新城“农村宅基地换房”社区中的房屋，原有的宅基地由政府统一征收、统一安排，以实现“土地节约集约有增量，农民安居乐业有保障”的目标。

②保障措施。针对“两分两换”工作中存在的问题，提出相应的保障措施，以推动置换工作的顺利进行。首先，创新金融支持。进一步完善农村住房抵押贷款各项制度，充分利用“两分两换”置换政策，积极开展农村住房置换贷款业务。要为农村建房设计专门的信贷产品，发放专项贷款，采用优惠利率加大融资和信贷支持。积极探索推广宅基地使用权抵押贷款等金融服务方式，拓宽农村融资渠道。为置换的农民提供小额贷款，帮助农民完成新房装修、搬迁等工作。为自主创业的农民提供政策优惠。其次，加大农民就业支持力度。开展“两分两换”后，农民生活成本逐步增加，只有保证其有稳定的收入才能确保农民真正融入城镇生活。对此，需要积极开展就业培训，妥善解决农民就业问题。要加强农民就业创业的技能培训和指导，不断提高其就业技能和创业能力。同时，鼓励城镇集中居住区提供物业管理、社区公益服务岗位，为置换入住城镇的农民解决就业问题。鼓励相关劳动力密集型产业吸纳剩余劳动力，支持发展各类中小型私营企业，为农民持续就业创造条件。此外，完善社会保障。积极探索完善社会保障制度，对农民参加医疗保险、就业保险及养老保险等方面给予相应的政策补贴。

③与现行制度及法律法规的冲突。《国务院关于深化改革严格土地管理的决定》中规定：“禁止擅自通过‘村改居’等方式将农民集体所有土地转为国有土地。禁止农村集体经济组

织非法出让、出租集体土地用于非农业建设。”《土地管理法》第六十三条规定：“农民集体所有的土地使用权不得出让、转让或者出租用于非农业建设。”同时，相关法律规定农村集体建设用地不得用于商业开发，而在开展“两分两换”过程中，村委会集体分成部分作为集体资产归村集体所有，经营收益用于集体经济发展、福利事业建设等；村民小组分成的建设面积，置换后的剩余部分用于上市，所获收益归村民小组集体所有。这与集体建设用地不得用于非农业建设明显有冲突。

④存在的风险。第一，补偿中诸多不确定因素引发的风险。在推进置换过程中，采用两种置换方式，一是直接发放补偿款，二是住房的对价置换。对于直接发放补偿款的，补偿金的标准如何确定，补偿金如何支付，支付期限是多久，补偿依据是住宅楼完工时的楼价还是动工时的楼价，是否考虑资金的时间价值，置换后农民是否能用补偿金购买到同等面积的新房，这些问题在试点中都未作出明确的规定。同时，采用对价置换方式补偿的，对价置换的标准如何确定，置换后的房屋是否能满足农民生活所需，这都是置换工作开展的关键，也是事关农民生活生存保障的重要问题，如得不到适当的解决将导致农民的合法权益受到损害，违背通过换房改善农民生活条件的初衷。

第二，投资开发失败引发的风险。在整个置换过程中，各区都采取措施以保障农民合法权益。如禅城区利用征地的“集体留用地”合作开发，通过集体商务物业经营建立农村社保、基础设施、股份分红。南海区通过旧宅基地换投资，旧宅基地使用权换股权。试点地区不约而同地采用投资、股权形式作为保障措施，通过持股分红来确保农民的长远生计。但不可忽视的是，从事商业开发具有潜在风险，若商业开发失败，农民不仅无法得到相应的红利，还要同企业承担债务。同时，目前农村投资环境不完善，村民担心开发商在合作开发中开发成本不透明，侵占了集体资产。

第三，“致穷不致富”的风险。宅基地换房使得农民上楼居住，某种程度上给农民的生活带来了不变，增大了农民的生活负担。首先，宅基地置换后，农民购置新房、搬迁、装修等，使得农民面临较大的经济压力。其次，农村原有宅基地规模较大，农民可在院中种菜取水，烧柴取暖，饲养家禽，节约家庭开支，而上楼居住后，随之而来的是物业费、税费、电费等诸多费用，原有隐形成本成为显性成本。此外，若置换后农民的生活保障无法落实，农民没有稳定的收入，其生活质量会大幅下降。

(4) 嘉兴模式

浙江省嘉兴市根据实际情况，将农村宅基地入市，开创了农村宅基地流转新模式。截至2009年10月底，嘉兴市13个试点签约换房（或搬迁）农户已达11 649户，完成农民拆迁8 174户，在建（已建）安置公寓房、安置联排房、单体房分别为10 587套、2 798套和599套。仅嘉兴七星镇、龙翔街道等三个试点乡镇街道，通过宅基地统筹建设，已置换出近万亩宅基地，可作为工业与建设用地。如果宅基地流转工作在嘉兴全部实施成功，可新增50万亩左右的工业与建设用地。

嘉兴市农村宅基地入市采取“两分两换”的方式：将宅基地和承包地分开，搬迁与土地流转分开；以承包地换股、换租、换保障，推进集约经营，转换生产方式；以宅基地换钱、换房、换地方，推进集中居住，转换生活方式。具体做法是，两分两换清理出来的土地，基本上三分之一搞工业，三分之一给农民造房子，三分之一搞其他开发。这样，不仅提高了农村宅基地利用率，而且增加了耕地面积，促进了城乡统筹的发展，同时解决了城镇建设用地指标不足的问题，甚至一部分土地流入房地产开发市场，可抑制房价过快增长。

“嘉兴模式”在促进城乡统筹、降低宅基地闲置率的同时，也存在一定的问题。首先，土地指标周转困难。建造农民安置公寓房，需要先占用一定面积的建设土地甚至是耕地或基本农田。由于用地指标有限，调整规划和审批土地用途又旷日持久，在市县一级有效实现土地指标周转难度很大。其次是建设资金短期内难以平衡。在实际操作中，一般都是由政府投入资本金，成立投资开发公司，再到银行融资，然后开发建设新社区，最后实现农户搬迁。然而，由于政府财力有限，注册资本难以做大，投资开发公司的融资能力较弱，而且还存在融资担保主体缺失等问题。最后，流转不彻底。因在目前的制度框架下，土地承包经营权尚不能进行永久性流转，以至于城镇新旧居民仍有“有地居民”和“无地居民”之分。

3. 重庆市农村集体建设用地流转模式分析

2007 年，作为全国统筹城乡综合配套改革试验区，重庆、成都相继探索开展了农地入股的土地流转试验改革，重庆九龙坡区也率先进行了“以农村宅基地置换城市住房，以城市社会保障换承包地”的尝试。九龙坡是重庆传统的工业发达区域，经济总量连续四年居全市 40 个区县之首。统计资料显示，至 2006 年年底，该区户籍人口 79 万，农业人口占 31%，约为 23 万。该区试点的核心意义在于探索如何在城市化过程中，保护农民的利益。

(1) 搭建重庆市农村土地交易平台

重庆农村土地交易所于 2008 年 12 月 4 日成立，是全国第一家农村土地交易所，注册资金 5 000 万元，是由市政府全额出资的副局级事业单位。交易所按现代企业管理模式运营，其职能是建立农村土地交易信息库，发布交易信息，提供交易场所，办理交易事务。其重要意义和作用在于：一是促进城市建设用地增加与农村建设用地减少挂钩，确保城乡建设用地总量不增加、耕地总量不减少；二是促进城市反哺农村、发达地区支持落后地区；三是促进农村土地管理制度的完善，依法保障农民的占有、使用和收益等权利；四是促进城乡要素市场活跃，完善城乡现代市场体系。

重庆市还专门成立了农村土地交易所监督管理委员会，交易所在这个委员会领导下开展工作，并接受国土、农业、林业、水利、财政、税务、审计等机构的监督和指导。为了规范土地交易所的运作，重庆市政府颁布了《重庆农村土地交易所管理暂行办法》，于2008年12月1日起实施。

（2）九龙坡模式

九龙坡在完成“城乡统筹发展综合改革先行示范总体方案”的基础上，先行在白市驿、西彭、华岩三镇开展试点工作。西彭镇实施“住房换宅基地”试点方案。思路是，拿出原农村宅基地的20%左右，集中兴建新型农村社区，腾出的80%左右的土地复垦为耕地，其土地指标，则置换为本镇城市部分的建设用地，用多得的土地出让金来补贴农民购房。集中农村的宅基地，可以缓解城区用地指标的紧张状况，同时，农民集中居住，有利于基础设施的统一建设，“每户农民基本上不花钱就可以置换一套80平方米左右的小区房”。同步进行的，是解决农民承包土地流转的问题，实现土地资源的最佳配置。

九龙坡区作为重庆统筹城乡改革的先行示范区，在符合国家相关法规的基础上，探索以“社会保障换承包地、住房换宅基地”，解决现行农村土地制度上的阻碍；农民变市民后，能够享受到城市比较完善的教育、医疗、养老、就业培训、低保等社会保障，解决户籍难题。在城乡统筹发展综合改革试验的过程中，九龙坡区委确定了“三个可行”的原则：合乎情理、不违背基本法律，就可行；群众满意、能确保社会稳定，就可行；不谋私利、能促进城乡统筹，就可行。

置换后，九龙坡农民与城市人一样，可享受到各项社会保障制度。一是子女入学。区教委以农民变市民人员实际居住地就近安排其子女入学。其子女在九龙坡入学的，继续享受农村义务教育“两免一补”政策。二是就业扶持。农民变市民人员中有劳动能力和劳动愿望的适龄劳动者，由区劳动和社会保障部门免费提供职业技能培训或创业培训、就业指导和职业介绍；符合条件的可享受小额担保贷款、就业再就业援助等政策。三是养老保险。农民变市民人员在单位就业的，由用人单位统一参加城镇职工基本养老保险；未就业人员和灵活就业人员按自愿原则，规定分类参加城镇职工基本养老保险。由于入保门槛更低，农民也可选择农村基本养老保险。四是最低生活保障。农民变市民人员符合城镇低保规定的可纳入城镇居民最低生活保障。

九龙坡区先行试点的城乡统筹改革才刚刚起步，“以农村宅基地置换城市住房，以城市社会保障换承包地”的宅基地流转方式推行起来还有一定的难度。首先，产业不清晰。和农村土地承包经营权一样，农村集体建设用地的抵押从国家法律层面来讲存在障碍。虽然九龙坡区的土地流转管理办法对农村集体土地建设用地使用权抵押做了规定，但在具体实施中还存在一定的困难。其次，流转风险大，金融机构对抵押难以接受。如果在抵押过程中发生了纠纷，进入司法程序后，法院有可能不认可。因为，站在国家法律的层面，集体土地使用权不能单独抵押，政府抵押登记行为是不合法的。再次，流转中时间变化不定。农民土地承包经营权在目前法律框架下是30年不变，或长期不变，但是各类建设用地的使用年限很不相同。另外，农村建设用地包括农民的宅基地，一般没有使用年限，但城市建设用地使用权是有期限的，住宅用地70年，工业用地50年，商业用地40年。这些不同期限的利益关系相当复杂，彼此咬合不住就可能发生问题。最后，宅基地利用争议较大。《物权法》规定房子可以抵押，但又规定宅基地不得抵押。如果是宅基地上的房子拿去抵押了，那必然涉及宅基地。不允许农民对自己最大的财产——房屋有处分权，这过分地限制了农民的权利。

第六章

重庆市土地流转与新农村建设协调研究

一、农用地流转与新农村建设协调研究

（一）农用地流转促进新农村建设

1. 农用地流转促进生产发展

新农村建设20字方针里“生产发展”是排在第一位的。加快农村土地流转是新农村生产发展的必由之路，更是现代农业实现规模经营的基础条件。目前，我国农用地流转工作除少数地方较为成功外，其他各地流转数量比较单一，流转时间长短不一，流转面积区块分布不均衡。主要原因是土地流转机制不健全：一是缺乏一套可操作的地方性规划，使广大农村干部无从下手；二是缺乏中介组织的服务平台，缺乏提供正常性服务的有效载体；三是土地流转的管理和监督机构缺失，致使绝大部分农村的土地使用权流转处于放任自流的状态。现行家庭联产承包责任制是将土地以“按人分配”和“分级切块”作

为分配的最优原则，实行一家一户的分散经营，这对于一段时期解放生产力，促进农村经济发展起到了历史性的推动作用。但随着时代的发展，其土地使用分散、闲置、流动性差，土地配置效率低下等问题也愈加突出。因此，建立农用地流转机制，在农民自愿的前提下，允许土地适度向种田能手和开发业主集中，实行农业产业化、集约化经营，这不仅是农业走向市场化的需要，也是农业结构调整，转变农业发展方式，促进生产发展的需要（魏君英，2009）。

2. 农用地流转后的多元化增收促进生活宽裕

要实现社会主义新农村建设中“生活宽裕”的目标，最现实的问题就是要促进农民增收，这也是“三农”问题的核心。如何充分利用好农村土地资源，探索形成使土地发挥最大效益的土地流转机制，使之成为促进农民增收的重要途径，是实施土地流转的根本意义所在。加快推进农村土地依法、自愿、有偿流转，是在现有农村土地承包政策不变的前提下，从根本上解决一家一户分散经营与集约化经营、标准化生产之间矛盾的有效措施，从而实现土地效益的最大化，达到农业增效、农民增收，为现代农业发展创造条件（杨云彦，2007）。主要表现在：一是土地相对集中，可以提高农业生产的规模效益。建设新农村，发展生产是基础，而农业生产的发展最终将决定于农村土地的集约化程度。现在，农民对农用地流转的愿望越来越强烈，对这种势头我们要积极引导，特别要考虑和尊重农民的普遍愿望，保障农民的土地收益。二是促进了农村劳动力向非农产业转移，加快了农民增收步伐。土地承包经营权的流转，使不少农民获得了一笔比较可观的租金，改变了部分农户“亦商亦农”、“亦工亦农”的兼业化状况，摆脱了土地的束缚，解除了其后顾之忧，有力地促进了农村劳动力向非农产业转移，拓宽了农民增收渠道。

3. 农用地流转后的相融合就业促进乡风文明

我国农村有大量劳动力常年在外务工，他们中很大一部分人已经融入了城市就业体系，成为保留着农村户口的城市居民，其生活习惯和文明程度已经与城市居民接近或等同。农村留守人群以老人、妇女和儿童为主，沿袭着旧有的生活方式，文明程度相对较低。因此，建设社会主义新农村客观上面临着主体力量严重不足和文明程度亟待提高双重矛盾。通过推进土地合理流转，既可以吸引大量在外的成功人士回乡参与新农村建设，解决资金、技术等要素矛盾，同时对于农村养老、留守儿童等问题的解决也将起到积极作用。更为重要的是，通过外出成功人士回乡创业和招商引资发展现代农业，一大批城市人（或已具有城市文明程度的人）进入农村，由城市就业者变成新农村建设者，农村也将经历一场城市先进的生产技术和文化元素的洗礼，在实现城乡就业融合的同时，不断促进乡风文明程度的提高（魏君英，2009）。

4. 农用地流转后的规范化建设促进村容整洁

我国农村基础设施条件较为落后，传统耕作条件下农业抵御自然风险的能力非常脆弱，通过近年来不断加大投入，交通条件和村级活动阵地有了极大改观，但距离新农村建设“村容整洁”的要求还有相当的差距。农用地整理是精细化、集约化、节约化利用土地资源的重要手段，是世界许多国家和地区发展农业生产、开展国土整治、建设新农村的重要方式。土地规模流转后，必然要进行土地的连片整理和块状布局，从而发挥土地的综合效应，走“规模化、标准化、集约化”的发展道路，这将对农村基础设施条件的改善起到重要作用，使农业综合项目的布局更具有科学性。通过平田整地、归并零散地块、修筑梯田，能够促进土地集中和土地适度规模经营，为提高农业机械化装备水平和农业集约化程度创造条件。通过完善农业基础设施，为农业技术的大面积推广应用创造条件。通过合理安排田、水、路、林、村，能够有效改善农业生态条件和农村人居环境。农用地整理，无疑是未来我国新农村建设的重要途径。

5. 农用地流转的市场化运作促进管理民主

党的十七届三中全会通过的《中共中央关于推进农村改革发展若干重大问题的决定》中提出，允许农民以转包、出租、互换、转让、股份合作等形式流转土地承包经营权，发展多种形式的适度规模经营。不管是什么样的流转模式都必须体现民主，土地的承包首先应该是公平、公正、公开。因此，除了积极寻求法律依据和政策支持外，更重要的是要认真探索在流转的过程中权益合理显化的问题，如何最大限度地维护自身的合法权益自然成为农民在土地流转中关注的焦点。在这样的背景下，民主意识的形成就会成为一种自觉行为，这对于增强村民的民主意识，促进管理民主必将起到积极的推波助澜的作用（魏君英，2009）。

（二）新农村建设推动农用地流转

社会主义新农村建设的首要任务是发展农村生产力，让农业增效，让农民富裕。新农村建设必须走产业带动、产业支撑的路子，新农村建设仅凭投入，不能维持多久。新农村建设是一个系统工程、长期工程，启动初期，需要投入，政策启动是对的，但根本上要靠农民的自我参与。农村大量剩余劳动力外出务工，使得农村闲置土地增多，撂荒现象严重。一些外出务工的农民，本着“离乡不离土”的情结，将土地进行流转。土地流转提高了闲置土地的利用率，使得土地更加节约集约，促进了农村产业化和规模化经营，从而推动了新农村建设。新农村建设与农用地流转相辅相成，促进了农村经济的快速发展。为此，各级党委、政府要加强政策引导，重点解决农村土地流转中的突出矛盾，促进农村土地流转合法、有序、完善，促进农村经济社会健康、稳定、协调、持续发展。一是组织引导规模流转。村组集体经济组织（农业生产合作社、村委会）要有组织、有计划、有步骤地开展土地流转，在充分尊重农民意愿的前提下，把农户分散承包的土地通过反租倒包、股份合作等形式集中后连片发包给经营能手、种植大户、龙头企业开发原料基地。这是一种很好的流转方式，有利于农地资源的优化配置，有利于农业结构的战略性调整，有利于农业规模经营，有利于农业产业化经营，有利于增强农产品市场竞争力，有利于农业增效、农民增收。二是搭建平台有序流转。要逐步解决好自由流转与发挥规模效益的矛盾。目前农村承包土地自由流转中还存在着随意性、不规范性，以及转包金低等问题，不仅不能很好利用土地资源，发挥规模效益，而且存在严重的土地纠纷隐患。因此，必须对分散、零星的自由流转行为进行政策引导，使其逐步规范，逐步形成以市场为导向、以效益为中心、以产业化经营为载体的集中连片流转。要通过建立土地流转情况信息库和信息网络，及时向种植养殖大户、工商企业招商引资。要不断改善生产条件，开展农田整治、土地平整等，便于连片开发。要发展第二、三产业，不断吸引农村劳动力向非农产业转移。要通过制订土地流转示范合同等，逐步规范自由流转行为。

二、农村集体建设用地流转与新农村建设协调研究

（一）农村集体建设用地流转推动新农村建设

1. 农村集体建设用地流转是推进新农村建设的时代要求

2005 年 12 月 31 日，中共中央、国务院出台《关于推进

社会主义新农村建设的若干意见》，将“三农”问题列为中国经济和社会发展的重要问题之一。党的十六届五中全会提出了“生产发展、生活宽裕、乡风文明、村容整洁、管理民主”的新农村发展目标。新农村建设是解决“三农”问题的重要途径。而农村集体建设用地能否流转，是合理配置农村要素，建立农村土地交易市场，推进城乡二元的房地产管理体制和运行模式的基础。农村集体建设用地流转是缩小城乡差距、建立和谐社会的重大举措，将具有身份依附性的福利性的集体土地使用权变成可以自由流转的资产，让农村住宅自由上市交易，使农民彻底挣脱土地的束缚，是解决“三农”问题的治本之策，也是建设社会主义新农村的必由之路，是推进新农村建设的时代要求（赵亚萍，2009）。

2. 农村集体建设用地流转是统筹城乡发展、构建新农村的客观要求

统筹城乡发展是新时期的国家重大战略，2007 年 6 月国家批准重庆和成都成为全国统筹城乡综合配套改革试验区，进一步明确了国家推进城乡统筹发展的战略步骤和战略目标。统筹城乡发展总的目标是打破城乡分割体制，缩小城乡差距，构建城乡和谐社会，实现城乡共同富裕。包括两大方面：一方面是统筹城乡经济发展，包括统筹城乡经济增长，即实现城乡 GDP（或人均 GDP）均衡增长；统筹城乡产业发展，即使得城乡之间在市场机制的引导下形成合理的产业分工，实现产业优势互补；统筹城乡企业发展，即实现城乡各类企业之间的公平竞争，使城乡企业在城乡之间自由流动和优化配置；统筹城乡要素配置，即实现城乡之间劳动力和人口的自由流动，按照平等交易原则，实现城乡之间资金、土地、技术等要素的优化配置。另一方面是统筹城乡社会发展，包括统筹城乡人口发展，即逐步推进城乡计划生育政策的统一，实现城乡之间人口的均衡增长；统筹城乡科教文化发展，即逐步推进城乡在科

技、教育和文化方面实行统一的法律、政策和标准，实现城乡科技、教育和文化事业的协调发展；统筹城乡福利保障，即尽快建立起城乡衔接、公平统一的社会福利保障制度；统筹城乡资源环境保护，即尽快按照基本相同的标准和协调一致的步骤来实施城乡资源环境保护（赵亚萍，2009）。

宅基地使用权流转是缩小城乡差距、建立和谐社会的重大举措。宅基地使用权作为农民的一项重要财产权利，法律赋予其充分的流通性，可以使农民获得参与市场积极活动的主体资格和行为能力，有利于农民改善居住环境和提高生活水平；有利于逐步消除城乡二元结构，促进资源在城乡之间合理配置。正如有学者所说："农村宅基地流转的主要目的就是赋予土地商品属性，允许农村宅基地使用权进入土地交易市场，就可以通过公开、公平、公正的市场行为，使土地资源的价值得以真正体现，最大限度地增加农民收入，提高他们进城的经济承受能力，加快我国城市化进程的步伐。"开展宅基地使用权流转，是比"免赋"更大的农业政策调整，是联通城市资本、金融资本与农民资产的核心纽带，是实现社会公平与正义的必由之路。

3. 农村集体建设用地流转是提高资源配置效率，推动村庄合理规划的必要途径

据资料表明，当前全国农村集体建设用地中，"空心村"现象严重，宅基地闲置率达10% ~15%。这主要是大量农村剩余劳动力外出务工，使得宅基地利用率低。加上生活水平的提高，农民新建宅基地的需求也越来越大，而原先破旧的宅基地又不能得到及时处置，导致土地利用率低下。还有一些外出务工者在外获得较好的经济收入后移居到城镇，自身宅基地闲置。据不完全统计，全国大约有1 200 万份宅基地和地上房产处于可转让但不能转让的闲置状态。而且，据我国城市化进程

的分析资料估计：今后 20 年全国每年有 1 200 多万农村人口要转移到城镇。而以目前我国农村居民点人均用地 153 平方米计算，今后 20 年，每年将有 18.36 亿平方米农村宅基地可能闲置不用。加快农村集体建设用地流转，有助于促进土地的集约节约利用，有利于土地的循环利用，有利于推动村庄的合理规划，有利于提高土地资源配置效率，从而促进“生产发展、生活宽裕、乡风文明、村容整洁、管理民主”的新农村建设（赵亚萍，2009）。

4. 农村集体建设用地流转是保证农村基础设施用地需求的必然选择

农村基础设施建设是新农村建设的重要目标和方向。当前，从农田基础设施看，由于现有的农田水利工程建设的年代较久，大多老化失修，防洪抗旱能力弱，很大程度是靠天吃饭，遇到自然灾害，就不可避免减产减收。从农机装备看，西部农村的耕种综合机械化水平还很低，与经济发达地区相比，存在一定的差距，绝大多数农民和农业生产方式仍然处于“一头牛一张犁”的原始状态。从耕地资源看，我国人均耕地 1.44 亩，低于发达国家人均耕地的水平，而且耕地质量总体偏低，高产田少、中低产田偏多。从水资源看，人均水资源只有 2 200 立方米，仅为世界人均水平的 1/4。我国还存在区域性缺水问题。从交通条件方面来看，仍有一些村组没有通水泥（油）路，许多行政村基本没有硬化路，6% 的行政村没有通公路，自然村田间小道、“羊肠小道”依旧。在能源消费方面，绝大多数农户的主要燃料还是柴草、沼气，液化气等能源消费较低。在卫生方面，开展了“三清三改”（清垃圾、清路障、清污垢，改水、改厕、改路），取得了一定成效，但仍有 40% ~60% 的农村人口没有饮用自来水，没有洗澡设施，厕所简陋，60% 的农户没有使用卫生厕所，独立使用抽水式或蹲坑式厕所的很少，生活垃圾随处倾倒，生活污水自然排放，基本没有生活垃圾和污水处理设施，家禽、牲畜乱跑、乱窜。在村容村貌方面，农村建设住宅周围乱搭乱建现象普遍存在，房屋分布无序，有的还出现“空心村”现象。村道狭窄，房屋前后咬紧，采光不良，气流堵塞，植树空间较少，无法合理绿化。绝大多数农村环境脏、乱、差、散，农民人居环境不尽如人意。

农村集体建设用地流转就是要将闲置土地充分利用起来，在集约节约的基础上保障农村基础设施用地的需求。通过对农村建设用地复垦，置换出建设用地指标，将多余指标用于农村基础设施建设，改变农村脏、乱、差、散的居住环境，促进社会主义新农村建设。因此，当前亟须对农村集体土地产权制度进行重新构建。农民集体所有的建设用地应在明确农村土地产权的基础上，实行所有权与使用权相分离的原则。土地所有权由农村集体经济组织行使，集体建设用地使用权实行有偿、有期限、可流动的使用制度。具体来看：一是应明确农村建设用地所有权主体，这是农村建设用地使用权流转的前提。二是应明晰农村建设用地所有权权能。土地是农民的重要财产，在符合规划和依法批准的前提下，土地所有者对其所有的建设用地有占有、使用、收益和部分处分的权利，特别是处分权应包括转让、租赁、抵押、入股等。三是建立完善的集体土地产权登记制度。土地产权登记制度是土地产权管理制度的核心内容，是土地管理部门对土地市场进行规范管理的重要手段。我国《土地管理法》第十一条规定，集体土地所有权必须登记发证。四是建立合理的收益分配制度。农村建设用地流转中的土地收益分配，关系到农村建设用地流转制度运作的利益机制，是规范农村建设用地流转管理的关键问题。而解决农村建设用地流转利益分配问题的关键是要合理确定地方人民政府、农村集体经济组织和土地使用权人之间的收益分配比例。土地收益应在农村集体经济组织和土地使用权人之间进行分配，政府应排除在分配体系之外。同时，农村集体经济组织所获得的土地收益，应当通过民主决策的机制予以处理，要充分保障农民的知情权和相应的财产权。

（二）新农村建设影响农村集体建设用地流转

建设社会主义新农村，关键是要建立五大机制：建立“工业反哺农业、城市支持农村”的长效投入机制；建立党和政府各工作部门合力、协调促进农村经济社会全面发展的工作机制；建立引导农民在国家政策扶持下发扬自力更生、艰苦奋斗，依靠自己辛勤劳动建设幸福家园的激励机制；建立引导全社会力量支持新农村建设的参与机制；逐步建立城乡统一的经济和社会管理体制。建设社会主义新农村不能片面地理解为单纯的新村庄建设，目前最迫切需要解决的问题是加强农村基础设施建设和发展农村社会事业。农村基础设施建设以土地为主要支撑点，而在用地指标相对紧张的情况下，推动农村集体建设用地流转是主要途径之一。尤其是当前“空心村”现象越来越严重，闲置宅基地越来越多。新农村建设，需要整洁村容，需要带动农业生产，促进农民增收。而农村集体建设用地的流转有助于进行村庄规划，有利于土地节约集约利用，有利于盘活闲置宅基地，促进农民增收，是解决“三农”问题的重要途径之一。因此，从某种意义上说，新农村建设推动了农村集体建设用地流转。

第七章

重庆市农村土地流转的长效机制研究

一、生产发展与土地流转的保障分析

生产发展是社会主义新农村建设的重要内容之一。生产发展了，才能为农业产业化发展提供重要保障，为土地流转提供必要条件。

（一）土地流转促进农业生产发展

1. 土地流转推进农业产业化发展

农业产业结构的调整，有利于实现农业现代化和机械化，而农村土地经营的社会化、市场化趋势，激发市场机制在土地资源配置过程中发挥基础调节作用，以寻求主体利益的最大化，促使农村土地逐步突破区域限制向规模化、专业化经营发展，从而实现土地资源的优化配置（罗成友，2007）。长期以来的那种低效率分散经营的农业生产模式，严重阻碍了新型、高效的现代农业的发展。只有依托农村土地经营权的流转，实现资金、技术、管理和营销的集聚，才可以调整农业产业结构，加速农业的机械化和产业化发展。

2. 土地流转有利于农业规模化、集约化经营

加快土地经营权流转可以实现土地规模化、集约化经营，优化土地资源配置，进而实现农业产业化和现代化。土地规模化、集约化经营是现代农业产业化发展的必然要求。30 年前，我国的农业生产力很落后，实行土地家庭联产承包责任制，极大地提高了农民的生产积极性，促进了农业生产力的大发展（中国农村研究报告，1999）。进入新世纪新阶段，随着农业生产机械化的普及和生产效率的提高，这种每家每户单个生产的形式，已经不能满足土地集约化经营的需要。因此，只有通过加快土地经营权流转，建立健全土地流转的体制机制，才能在新形势下实现资源的优化配置，土地的使用效率和产出效率才能得到提高。

3. 土地流转促进农村劳动力转移，增加农民收入

随着农业生产效率的不断提高，越来越多的农业人口转移到城市，加快了城镇化建设的步伐。分散经营的家庭联产承包责任制，使得每家每户只有很少的土地可以耕种，仅靠几亩田地的收入不足以维持正常的家庭开支，必须外出务工。这样来回奔波，误时误事，费力费钱，农民无法真正从土地中解放出来，实现向城镇居民的转换。只有通过土地的合法流转，改变被土地束缚的状态，促进农村劳力向非农产业转移，向城镇集聚。此外，加快土地经营权流转，是提高农业生产效率，促进农民增收的有效途径。集约化经营，可以实现土地的规模经济效益，承包者的土地增产增收了，农民自然就提高了收益。同时，土地流转后的农业人口通过适当的技能培训就可以从事第二、三产业的工作，增加了工资性收入，也获得了土地流转后的收益。

（二）农业生产的快速发展推动了农村土地流转

1. 培育农业产业化龙头企业，形成土地流转载体

农村土地流转是开拓现代农业新局面、建设社会主义新农村的“助推器”。现代农业可持续发展是土地流转的动力和目标，农业产业化龙头企业是发展现代农业的重要载体。为此，要在多层次、全方位引进业主的同时，重点培植龙头企业，开拓市场，采取多种方式推进土地流转。通过土地流转，形成一乡一业、一村一品，户成园、组成带、村成片。目前，单家独户的经营模式已不适应现实要求，必须有规模化的生产主体，这就涉及农地的集中经营问题。因此，必须进行农地流转，没有农地的流转，就形成不了适度规模的生产基地，也就没有农业的产业化经营（李明宇，2006）。对有一定规模的专业大户、中介组织、新型的农村经济合作组织要给予政策上、资金上、技术上的大力支持，以“公司 + 基地 + 农户 + 市场”的形式扶持农业产业化龙头企业，辐射推动土地流转。

2. 调整农村产业结构，推动土地流转

根据重庆市区域发展的实际情况，发挥地方优势，形成地方特色产业。一是加快农副产品加工企业的发展，利用距重庆主城区较近的优势，将农村剩余劳动力大规模转移到农产品上市前的分拣、包装的第二、三产业中去，解决农民就业难的问题。二是发挥各级培训机构的作用，对青壮年劳动力进行培训，加强农业科技知识、流通知识和其他就业技能的培训，提高青壮年劳动力的就业竞争力（张翀，2004）。通过农村产业结构的调整，进一步推动土地流转。

3. 普及农业新技术知识，促进土地流转

新农村建设的重要任务之一就是推广和实施农业新技术。农业新技术和农业机械设备的推广应用有许多限制因素，如技

术的适应性、人们对技术的认识及文化水平。土地规模经营难形成，农业机械化就难推广，农民收入也就难增加。尽管我国对农村技术创新投入了大量的人力、物力、财力，技术的研发基本上是公共事业行为，但在推广应用中，需求者仍需投入一定的经费。尽管这笔费用很小，但对单家独户的超小规模的我国农业生产者来说，还是难以承受。因此，农业科技的普及必须建立在一定土地规模经营之上。这样，就必须改变现行土地生产规模过小的经营方式，农地向种植能手和种植大户转移成为必然。

4. 完善农业基础设施，支撑土地流转

农业基础设施落后是制约土地流转的重要原因。改善土地生产条件，创造流转优势：一是加强农业综合开发，大力改造中低产田土，配套完善水利排灌设施，建设稳产高产农田；二是以生态建设为中心，治理水土流失，防治污染；三是加强以道路、电信、电网、供水等为主体的生产生活设施建设，增强综合开发利用能力。由于农业收益比较低，重庆市农业基础设施又相对落后，农业开发又面临市场和自然双重风险，因此，业主对投资农业开发极为慎重，真正有实力的民营企业或业主参与土地流转、规模经营农业的比较少。目前农业基础设施的落后状况使不少农业企业主知难而退。因此，必须完善农村基础设施，为土地流转提供必要的支持。

5. 逐步完善农业补贴制度，强化土地流转

继续实施良种补贴、农机购置补贴和测土配方施肥，积极支持农业新技术、新品种推广，建立农业灾害救助和风险防范机制，转变农业增长方式，调整农业生产结构，提高农产品质量、品质和市场竞争力。继续完善中央财政及市财政对种粮农民收益综合补贴制度，建立保护农民种粮收益的长效机制。完善中央财政以及市财政对产粮大区县的奖励政策，加大奖励力度，缓解产粮大区县财政困难，调动地方政府重农抓粮的积极

性。逐步调整完善对短缺的重要粮食品种的最低收购价政策。通过以上的农业补贴制度，进一步鼓励农业大户、龙头企业在农村创业，为土地流转提供外在动力。

6. 改善农村融资保险制度，构建土地流转的防范体系

深化农村信用社改革，完善治理结构和运行机制，强化约束机制，把支农效果作为最重要的考核标准，不断增强支农服务能力。区县内各金融机构在保证资金安全的前提下，将一定比例的新增存款投放当地，支持农业和农村经济发展。大力培育由自然人、企业法人或社团法人发起的小额贷款组织，扩大农户小额信用贷款和农户联保贷款，提高贷款标准，延长贷款时间，简化担保程序（冯炳英，2004）。发挥政策性银行的支农保障作用，设立与国家农业产业政策和重点建设工程配套的中长期贷款项目，扩大农业信贷规模，提高农业信贷比重。规范发展适合农村特点的金融组织，探索农村社区资金互助的有效形式。引导农户发展资金互助组织，鼓励政府、企业和社会资金合作，建立针对农户和农村中小企业的多种抵押贷款担保组织和基金。稳步推进农业政策性保险试点工作，积极开展依托龙头企业资助农户进行农业保险试点，加快发展多种形式、多种渠道的农业保险，探索符合我国国情的农业保险路子。

农业产业化龙头企业是发展现代农业的重要载体，也将成为农业保险发展的重要依托（康伊明，2004）。龙头企业“公司＋农户”的保险创造了新时期农业保险发展的有效模式，应充分发挥政府、保险公司、龙头企业、农户等各方面的积极性，加快这种新模式的发展进程，推动农业保险做大做强。按照政府引导、政策支持、市场运作、农民自愿的原则，建立完善的农业保险体系；积极探索以农业产业化为纽带、以龙头企业和农民专业合作组织为依托的农业保险发展模式，鼓励和引导保险公司积极开展农业保险业务；探索成立农业保险共保

体，为高风险农业经营项目提供保险支持；同时，探索发展合作制等多种形式的农业保险组织；建立中央、地方财政支持的农业再保险体系，成立专门的农业保险再保险公司，分散农业保险承办机构的风险。

二、环境改善与土地流转的保障分析

城乡统筹发展和建设社会主义新农村是党中央作出的重大战略决策，也是社会主义现代化进程中的一个重要历史使命。做好农村人居环境建设工作，是城乡统筹发展和社会主义新农村建设的核心内容之一。2006 年，中央“一号文件”特别强调了“加强村庄规划和人居环境治理”。通过加强农村人居环境建设，有利于实现人与自然和谐相处；有利于缩小城乡差别，促进农村经济和社会事业的持续发展；有利于优化农民居住条件和生产生活环境，发展乡村经济，改善投资环境；有利于把城市的现代文明有机地融入乡土文明，促进农民身心健康和思想观念、生活方式的转变，促进农村物质文明、精神文明和政治文明全面发展。做好农村人居环境建设工作，是惠及农村千家万户的德政工程。因此，通过优化农村人居环境，使农村与城市在社会保障、公共服务、城乡产业等方面形成良性互动，从而形成良好的投资环境，促进土地流转的深入。

（一）迁村并点，推动农村建设用地的流转

迁村并点是优化农村基础设施条件的重要途径，是建设宜人农村人居环境的重要举措，也是社会主义新农村建设的重要内容。迁村并点主要有三种类型：第一类是生态移民，就是将农民从生态环境较为恶劣地区或生态敏感区迁出。第二类是扶贫移民，发展较快的村庄兼并落后的村庄，以富村带动，使较

落后的村庄向其集聚。第三类是工程移民，国家重点工程建设或由于其他原因导致有组织的迁移，如三峡工程建设、文物遗址保护等。在目前试行城乡建设用地挂钩的背景下，通过合理规划，对现有农村居民点逐步实施迁村并点、治理“空心村”、退宅还田等整理措施。开展农村宅基地整理可以实现农村土地节约集约利用，改善农村人居环境，减少建设占用耕地（朱莉芬，2007）。因此，在新农村建设中，要积极通过实施迁村并点、治理“空心村”、退宅还田等整理措施实现土地流转。

（二）加快农村基础设施建设，注重农民居住与生产的协调

新农村建设客观上需要完善的农村基础设施。重庆市特殊的地形地貌导致城乡差距较大，城乡二元结构严重，农村基础设施建设落后。各区县农业发展缓慢，农村生产生活条件较差，农业机械化程度低。通过土地流转，改善了农村基本生产生活条件，发展了特色农业，提高了农民素质，加强了生态建设和保护，确保农民群众能实实在在得到实惠。主要表现在：一是农村集体建设用地的流转，促进了农村土地集约节约用地，优化了农村各项资源的合理配置，使得村容村貌发生了巨大变化。特别是通过流转，为农村基础设施建设提供了资金保证。二是农用地的流转，推动了农业规模化、机械化、产业化经营，同时解决了农村剩余劳动力就业问题，在农民增收的基础上，保障了农村基础设施的建设，实现了农民居住与生产的协调。

截至2009年，重庆市新农村建设示范村的数量达到200个，推进村达到2 000个。在这些重点村，主要实行了“三建”、“四改”、“五提高”，即建优势产业、建基本农田、建公共设施；改善乡村道路、改善人畜饮水、改造农民房舍、改善

人居环境；提高农民收入、提高农民素质、提高社会保障能力、提高民主管理水平、提高乡村文明程度。通过土地流转，优化农业产业结构，在稳定发展优质粮油产业的基础上，突出发展生猪、柑橘等支柱产业，大力发展竹木、蚕桑、中药材、草食牲畜、花木等特色产业，农民增收渠道进一步拓宽。截至2007年，全市推进农业产业化建成优质商品基地1 315万亩，其中柑橘基地达183万亩，建成黄连、花椒等现代农业科技示范基地22个，各类养殖小区221个。2007年全市出栏生猪1 980万头，蔬菜播种650万亩，鲜菜产量近900万吨。转移农村劳动力新增41.7万人，累计转移748万人，劳动总收入超过350亿元。同时，加大了助农增收力度，对种粮农民的农资直接补贴达到5.17亿元，机械化收割水稻150万亩，直接为农民节约收获成本1.5亿元。

（三）优化人居环境，推进土地流转

重庆市特殊的自然地理环境，决定了新农村建设的重中之重是改善农村的道路交通、给排水、治污、能源供应等基础设施状况，建立新农村建设的管理机制、支撑体系和发展模式，形成新农舍、新环境、新设施、新面貌。加强农村基础设施建设，加强村庄规划和人居环境治理。同时，还要进一步加强农业信息化建设，充分利用和整合涉农信息资源，强化面向农村的广播电视电信等信息服务。大力实施幸福新村建设。通过人行便道、生态沼气、饮水工程建设，以及落实农村合作医疗、学生“两免一补”、农村种粮补贴政策等，建设“走路不湿鞋、煮饭不烧柴、吃水不用抬、上学不拿钱、生活不用愁、健康不担忧、种地给补助、精神不空虚”的社会主义幸福新村，培育“吃在幸福新村、住在幸福新村、乐在幸福新村、美在幸福新村”的休闲新时尚。统筹城乡发展的重点在于发展经济，但同时提高城镇化率和改善居住条件也是一个重要方面。

加快城乡统筹发展和新区建设，具体就是：土地流转组织在土地所有权不变的前提下，按照政策进行土地流转，集中按照规划修建住房，逐步向新区集中。通过加强村庄规划和建设，使得农村建设用地得以流转，此外宜人的人居环境也有利于吸引外来投资。截至 2007 年，重庆市大力推广了电力、沼气、液化气等清洁能源，新建沼气池 11.7 万口，发展了“畜—沼—果”等生态农业模式，启动了“保护母亲河，绿色和谐你我同行”的国家重点项目建设和“创绿色家园，建富裕新村”、林业绿化“五化”行动。

（四）建立多层次的农村社会保障体系

土地依然是农民就业、生存和社会福利的唯一依靠。推进农村土地使用权流转，实施适度规模经营，发展农业产业化组织，必须积极地推进农村社会保障体系改革，逐步建立和完善农村的各项社会保障制度，弱化土地的社会保障功能和政治稳定功能，给土地以正常的生产要素性质，最大限度地发挥土地的经济功能（谭慧玲，2009）。按照“因地制宜、量力而行、形式多样、农民自愿”的原则，多渠道、多层次、多方式地兴办养老、医疗、生育、伤残等社会保险。对于外出打工的农民，应制定统一的、非歧视的劳动就业制度，把农民逐步纳入城镇社会保障体系，为建立统一的城乡社会保障体系打下基础。

三、农村劳动力转移与土地流转的保障分析

培育新型农民是农村经济发展的必然要求，是新农村建设最本质、最核心的内容。农民素质提高了，才能全方位拓展增收渠道，不断提高经营现代农业的水平，加快农业的产业化发展，加快农村富余劳动力转移，推进工业化和城镇化，才能使传统的农

夫转变为农商或市民，从而更好地使土地流转得以推进。

（一）改变农民观念，提高农民对土地流转的认识

在重庆市新农村建设过程中，农村土地流转应当在坚持家庭承包经营制度和稳定农村土地承包关系的基础上，遵循平等协商、依法、自愿、有偿的原则，在具体流转操作过程中，农民有权依法自主决定承包土地是否流转、流转的对象和方式，不允许任何单位和个人强迫或者阻碍其依法流转其承包土地；土地承包经营权流转后权益归承包方所有，任何组织和个人不得侵占、截留、扣缴。重庆是一个传统农业大市，农民收入中农业所占比重较大，虽然这些年所占比例逐步下降，但部分农民仍把土地看成“活命田”，宁可粗放经营甚至抛荒，也不愿流转。其原因：一是有后顾之忧。有的农民认为土地是自己的命根子，害怕土地流转后，土地就不属于自己，若外出打工不成，生活就没有了保障。二是小农意识。大多数农户认为土地可以维持温饱，小富即安，得过且过，不愿通过土地流转发展第二、三产业，热衷于劳务输出，靠打工发家致富。为此，以转变群众观念为切入点，采取培训、网站报道、宣传标语等多种形式、多种渠道，广泛宣传建立土地流转机制的重要性和必要性，有效消除广大农民的担忧和疑虑，使农民愿意、放心地把承包土地流转出去。

（二）加强培训，努力提高农民转岗转业的能力

当前，我国农村劳动力整体素质不高，已成为建设新农村的主要障碍。根据本次对全国各地的抽样调查，农村中具备高中以上文化程度的只占15%，初中以下文化程度的占80%以上，仍有部分农民为文盲。外出务工时，绝大多数农民没有受过职业技术和技能培训。因此，新农村建设的重要内容就是提高农民素质，培育社会主义新型农民。要提高对加强农村劳动

力培训的重要性的认识，以统筹城乡发展思想对待农村劳动力转移就业培训工作。根据市场需求和重庆市城乡二元结构明显、农村人口比重大、贫困人口多等特点，切实把农民素质提高培训和劳动力转移培训作为新农村建设的重点工作内容，通过培训使农民逐渐成为有文化、懂技术、会经营、讲文明、守法制的新型农民，成为“农民老板”和“新型农民”。通过培育社会主义新农村新型农民，提高农民转岗转业的能力，从而持续有效地推进土地流转（朗义华，2008）。

（三）加大对农民工社会保障、维权及帮扶的力度

加强农民工的社会保障工作，贯彻落实《重庆市农民工参加工伤保险试行办法》有关规定，推进实施农民工参加工伤保险“平安计划”，有效解决农民工医疗保障问题。已与用人单位签订劳动合同并建立相对稳定劳动关系的农民工，随所在单位参加城镇职工基本医疗保险；在城市长期居住、灵活就业的农民工，由用人单位组织以团体或家庭的形式参加城镇居民基本医疗保险；季节性流动的农民工参加保当期保大病住院医疗保险或在原籍参加新型农村合作医疗保险。建立、完善失地农民社会保障制度。探索适合农民工特点的养老保险办法。

切实维护农民工合法权益。建立农民工工资支付保障制度，合理确定和提高农民工工资水平。建筑等施工企业要建立工资保证金制度，对恶意拖欠农民工工资行为情节严重的，依法吊销其营业执照。清理整顿人力资源市场秩序，规范劳务中介经营行为。严格遵守劳动合同制度，所有用人单位招用农民工都必须依法订立和履行劳动合同，劳动保障部门要加强指导和监督。依法保障农民工职业安全卫生和劳动保护权益，严格执行国家和市关于保护女工和未成年工权益的法律法规和有关规定，依法从严惩处介绍和使用童工的违法行为。开辟农民工劳动争议仲裁“绿色通道”，对农民工申诉的劳动争议案件及

时受理，并视情况减免仲裁费用。

实施农民工帮扶救助行动。劳务输出任务重的县（市）建立农民工帮扶救助中心，主要负责为跨地区输出的农民工提供法律咨询、劳动争议调解、经济法律纠纷等帮扶救助服务。农民工帮扶救助中心作为社团组织，可聘请法律援助律师、劳动争议调解员等，为符合条件的农民工提供无偿法律救助（石永明，2009），从而有效解决农民土地流转的后顾之忧。

（四）为农民工提供相关公共服务

公办学校要承担农民工子女义务教育，不得违反规定乱收费；推进户籍制度改革，放宽农民进城落户的条件；落实国家关于特定传染病的免费治疗政策，把农民工子女纳入当地免疫规划，提高国家免疫规划疫苗的接种率；把农民工计划生育管理和服务经费纳入地方财政预算；有计划地建设一批廉租房，吸引有条件的农民工进城落户。

加大发展劳务经济的资金投入。各级政府应安排资金，专项用于农村劳动力转移就业和发展劳务经济工作，重点是农村劳动力转移就业工作机构、中介服务组织、劳务输出基地、驻外劳务机构、信息网络等建设，以及帮扶救助、劳动监察、劳动争议仲裁工作等支出（杨浩，2009）。继续按规定的资金渠道安排乡（镇）劳动保障工作经费，落实村劳动保障工作补贴。劳务经济工作经费要专款专用，不得挪用。

做好发展劳务经济的宣传工作。各地、各部门要采取有效措施，加大发展劳务经济的宣传力度。充分利用广播、电视、报刊、网络等媒体以及各类宣传阵地，宣传各地在发展劳务经济中的经验做法和先进典型事件，特别是大力宣传外出务工致富和返乡创业的农民工典型，宣传到村，引导到户，帮助农民转变“小富即安”等保守思想观念，倡导和弘扬“劳务输出光荣”、“创业光荣”的风气。

参考文献

［1］埃瑞克·菲吕博腾，等．新制度经济学［M］．上海：上海财经大学出版社，1998.

［2］Douglas C. Macmillan. An economic case for land reform［J］. Land Use Policy，Voi 17，2000：49－57.

［3］保罗·萨缪尔森，威廉·诺得豪斯．经济学［M］．北京：华夏出版社，2006.

［4］彼得·斯坦，约翰·香德．西方社会的法律价值［M］．北京：中国人民公安大学出版社，1989.

［5］伯纳德·施瓦茨．美国法律史［M］．北京：中国政法大学出版社，1989.

［6］陈成文，童金城．论完善农村土地流转制度与建设和谐社会［J］．淮阴师范学院学报，2005（3）：281－286.

［7］陈锡文，韩俊．如何推进农民土地使用权合理流转［J］．中国改革：农村版，2002（3）．

［8］陈曜，罗进华．对中国农村土地流转缓慢原因的研究［J］．上海经济研究，2004（6）：29－35.

［9］程国栋．我国农民的财产性收入问题研究［D］．福州：福建师范大学，2006：77－96.

［10］楚天骄．土地流转模式及其规范化研究［J］．上海

综合经济，2002（02）：47－48.

［11］道格拉斯·诺斯．经济史中的结构与变迁［M］．上海：上海人民出版社，1994.

［12］道格拉斯·诺斯．制度、制度变迁与经济绩效［M］．上海：上海人民出版社，1994.

［13］邓周璇．家庭联产承包责任制下的农村土地流转探析［D］．武汉：华中师范大学，2009.

［14］刁孝堂，李明其．江津区创新土地流转制度的调研报告［J］．新重庆，2007（9）：30－33.

［15］丁璞，朱玉碧．农用土地流转现状及模式分析［J］．安徽农学通报，2008（14）：6－8.

［16］方俭，孙丽娟．论农村土地流转制度［J］．宁夏农林科技，2003（6）：92.

［17］方鹏，黄贤金，等．区域农村土地市场发育的农户行为响应与农业土地利用变化——以江苏省苏州市、南京市、扬州市村庄及农户调查为例［J］．自然资源学报，2003（18）：319－325.

［18］冯炳英．农村土地流转的绩效与发展对策［J］．农业经济，2004（4）：24－25.

［19］冯刚．新农村建设中经济与生态保护协调发展模式研究［D］．北京：北京林业大学，2008.

［20］冯继康，刘蓉．中国农村土地流转：理论分析与路径选择［J］．聊城大学学报：社会科学版，2005（01）：111－115.

［21］冯玲玲．重庆市璧山县农地流转主体研究［D］．重庆：西南大学，2009.

［22］甘立志．欠发达地区农村土地流转政策研究——以重庆市武隆县为例［D］．重庆：重庆大学，2008.

[23] 宫志斌．我国农村土地流转的产权制度基础研究——以马克思主义产权理论为指导 [D]．西安：长安大学，2009.

[24] 何静．农地使用权流转与相关的法律问题探讨 [J]．经济问题，2001 (7)：44 -47.

[25] Hualou Long, Gerhard K. Heilig, Xiubin Li and Ming Zhang. Socio - economic development and land - use change: Analysis of rural housing land transition in the Transect of the Yangtse River, China [J]. Land Use Policy. Vol. 24. 2007: 141 -153.

[26] 胡明辉．我国农村土地流转模式研究 [D]．秦皇岛：燕山大学，2008.

[27] 黄翠微．沙坪坝区农村土地流转研究 [D]．重庆：重庆大学，2008.

[28] 黄茜．农村基层组织对农户土地流转行为的影响研究——以南京市为例 [D]．南京：南京农业大学，2009.

[29] 黄祖辉，王朋．农村土地流转：现状、问题及对策——兼论土地流转对现代农业发展的影响 [J]．浙江大学学报：人文社科版，2008 (38)：38 -47.

[30] Jean Olson Lanjouw. Information and the operation of markets: tests based on a general equilibrium model of land leasing in India [J]. Journal of Development Economics, Vol. 60, 1999: 497 -527.

[31] 贾雪池．中俄农地流转制度比较分析 [J]．林业经济，2007 (11).

[32] 蒋满元．农村土地流转的障碍因素及其解决途径探析 [J]．农村经济，2007 (3)：25 -28.

[33] 蒋元文．统筹城乡发展不是盲目发展大城市与特大

城市［N］．学习时报，2004－03－25.

［34］K. Newcombe and E. H. Nichols. An integrated ecological approach to agricultural policy－making with reference to the urban fringe：The case of Hong Kong［J］. Agricultural Systems. Vol. 4. 1979：1－27.

［35］康伊明．农村土地流转要解决两个根本问题［J］．发展，2004（160）：56－57.

［36］柯武刚，史漫飞．制度经济学［M］．北京：商务印书馆，2000.

［37］R. 科斯，A. 阿尔钦，等．财产权利与制度变迁［M］．上海：上海三联书店，1991.

［38］郎义华．新农村建设示范区农村劳动力转移与土地流转研究——以重庆市九龙坡区为例［D］．重庆：西南大学，2008.

［39］李兵．成都龙泉驿区农村劳动力转移与土地流转互动作用机制研究［D］．成都：电子科技大学，2009.

［40］李长键，王悦．我国现行农地产权制度的法经济学分析［J］．广西社会科学，2006（06）：82－86.

［41］李龙．我国农村土地流转制度改革研究［D］．长沙：湖南农业大学，2003：15.

［42］李明宇．论农村土地流转制度改革与建设社会主义新农村［J］．安徽农业科学，2006（10）．

［43］刘芳秦．新农村建设中旧村庄改造与土地集约利用［J］．魅力中国，2009（11）．

［44］刘庆，张军连．经济发达地区集体非农建设用地流转初探［J］．农村经济，2004（2）：33－34.

［45］罗成友．品牌推动产业化［N］．重庆日报，2007－12－11.

[46] 马增明. 中国西部县域经济发展与新农村建设研究[D]. 兰州：兰州大学，2008.

[47] Minghong Tan, Xiubin Li, Hui Xie and Changhe Lu. Urban land expansion and arable land loss in China——a case study of Beijing - Tianjin - Hebei region. [J]. Land Use Policv. Vol . 22. 2005：17 - 19.

[48] 农村改革实验区办公室. 中国农村研究报告(1990—1998)[M]. 北京：中国财政经济出版社，1999.

[49] N. 格里高利·曼昆. 经济学原理（宏观、微观）[M]. 北京：北京大学出版社，2006.

[50] Peter WG Newman and Jeffrey R Kenworthy. The land use-transport connection：An overview [J]. Land Use Policy. Vol. 13. 1996，1 - 22.

[51] 潘承凡. 重庆农村土地流转改革的突破意义[J]. 决策导刊，2007（7）：25.

[52] 钱水苗，唐旨权. 农地使用权流转法律问题探析——从浙江省的实践出发[J]. 浙江社会科学，2001（5）：68 - 73.

[53] 秦秀昌. 农村土地流转模式刍议[J]. 经济师，2004（5）：195 - 197.

[54] 邱道持，冯玲玲，石永明，等. 重庆市农村土地流转和规模经营探讨[J]. 西南师范大学学报，2008（5）：165 - 169.

[55] 邱道持. 论土地流转[M]. 重庆：西南师范大学出版社，2009.

[56] 邱林. 农户承包土地流动的条件和模式[J]. 南方农村，2002（2）：31.

[57] 石永明. 新农村土地流转背景下劳动力转移问题研

究［D］. 重庆：西南大学，2009.

［58］孙佑海. 土地流转制度研究［D］. 南京：南京农业大学，2000.

［59］孙佑海. 土地流转制度研究［M］. 北京：中国大地出版社，2001.

［60］T. W. Schultz. Economy of Agriculture Research［A］. Eicher. Carl，Staatzeds. Agricultural Development in the Third World［M］. The Johns Hopkins UniversityPress，1990：35.

［61］谭广旭. 对征用我国农村集体土地房屋拆迁补偿安置法律问题的思考［J］. 湖南税务高等专科学校学报，2007（20）：45－46.

［62］谭慧玲. 建立农村土地流转新机制几点思考［J］. 湖北三峡职业技术学院学报，2009（1）：7－9.

［63］田炜. 深圳市农村集体非农建设用地流转研究［D］. 武汉：华中农业大学，2004.

［64］田野，王波. 论完善农村集体土地流转法律制度的原则［J］. 商场现代化，2007（3）：282－283.

［65］田野. 中国农村土地流转：现状、问题及对策建议［J］. 经济师，2004（8）：72－73.

［66］王克强，顾海英，刘红梅. 发挥市场机制解决城镇化进程中的农村宅基地问题［EB/OL］. http//www. lcrc. org. cn：2003.

［67］王献溥，于顺利. 论生物圈保护区与社会主义新农村建设的关系［J］. 资源环境与发展，2008（3）：1－3.

［68］王云斌. 重构农村土地征用补偿安置法律制度［J］. 北京市工会干部学院学报，2006（21）：43－47.

［69］卫军帅. 农村土地流转目标和效益的政治经济学分析——基于湖北四县的实证研究［D］. 金华：浙江师范大学，2006.

[70] 魏金玉，高峰．发展与落后——清代前期封建经济发展的特点与水平［J］．中国经济史研究，2003（02）：4.

[71] 魏君英，基于新农村建设的土地流转问题研究［J］．农村经济与科技，2009（7）：41－44.

[72] 吴建，曹家和．农村土地制度的新制度经济学分析［J］．商业研究，2003（21）：180－183.

[73] Xiaoli Liu, Wei Liang. Zhejiangcun：social and spatial implications of informal urbanization on the periphery of Beijing Cities［J］. Habitat International. Vol. 14. 1997：95－108.

[74] 熊振均．现行土地产权制度问题探析［J］．江苏农村经济，2007（2）：67－68.

[75] Yu Zhu. China´s floating population and their settlement intention in the cities：Beyond the Hukou reform［J］. Habitat International. Vol. 31. 2007：65－76.

[76] 阳红星．农村土地流转中政府职能研究［D］．南宁：广西民族大学，2009.

[77] 杨德才．论我国农村土地流转模式及其选择［J］．当代经济研究，2005（12）：49－50.

[78] 杨浩．农村劳动力转移中的土地流转研究——以资阳市保和镇九老洞村为例的分析［D］．重庆：西南大学，2009.

[79] 杨云彦，秦尊文．人口流动、土地流转与新农村建设［J］．中国地质大学学报：社会科学版，2007（5）：23－27.

[80] 杨志锁，朱达银，叶茂春．江苏省溧水县关于项目区农村土地流转问题的调查与思考［EB/OL］．/http：//www. caein. com/index. asp? xAction = xReadNews&NewsID =38218.

[81] 姚洪斌. 新农村建设的一体化路径研究 [D]. 武汉：华中科技大学，2009.

[82] 姚洋. 非农就业结构与土地租佃市场的发育 [J]. 中国农村观察，1999 (2)：16 -22.

[83] 叶剑平，蒋妍. 中国农村土地流转市场的调查研究——基于2005年17省调查的分析和建议 [J]. 中国农村观察，2006 (4)：48 -55.

[84] 于一凡，李继军. 新农村建设中的环境问题与规划对策 [J]. 上海环境科学，2008 (6).

[85] 袁铖. 城乡统筹发展背景下的农村土地征用制度改革 [J]. 中南财经政法大学学报，2008.

[86] 张翀. 建立农村集体土地使用权流转新机制 [J]. 理论前沿，2004 (4)：14 -16.

[87] 张红宇. 中国农地高速与使用权流转的几点评论 [J]. 管理世界，2002 (5)：76 -87.

[88] 张照新. 中国农村土地流转市场发展及其方式 [J]. 中国农村经济，2002 (2)：19 -32.

[89] 赵美红. 浅谈新农村建设中耕地保护的基本对策 [J]. 科技教官向导，2010 (01)：10 -12.

[90] 赵亚萍. 重庆市璧山县农村宅基地使用权流转研究 [D]. 重庆：西南大学，2009.

[91] 重庆市信息中心. 重庆农村土地流转存在的主要问题及其根源分析 [EB/OL]. http：//www. caein. com/index. asp？xAction = xReadNews&NewsID = 34746.

[92] 周祖文，王志远. 近年农村土地制度热点问题述评 [J]. 经济问题探索，2007 (12)：81 -84.

[93] 朱莉芬，黄季焜. 中国城镇化及其对耕地变化的影响 [M]. 北京：经济日报出版社，2007.

[94] 朱岩．宅基地使用权评释［J］．中外法学，2006（1)：88－89.

[95] 左平良．土地承包经营权流转法律问题研究[M]．长沙：中南大学出版社，2007.

附：调查问卷

农村宅基地问题调查问卷

______省______市______县______乡（镇）______村

一、本村的地理位置：A 远郊区；B 近郊区；C 城乡结合部

二、本村的主要产业：__________

三、家庭基本情况

家庭成员编号	与户主的关系：1. 户主；2. 配偶；3. 子女；4. 父母；5. 女婿或儿媳	性别：0. 女性；1. 男性	年龄	文化程度（0. 文盲；1. 小学；2. 初中；3. 高中或中专；4. 大专；5. 本科）	是否外出打工（0. 没有；1. 是）	一年累计打工时间	打工收入（元/年）	家庭总收入（元/年）	家庭农业收入（元/年）
1									
2									
3									
4									
5									

四、农户家庭宅基地利用情况

宅基地总面积（平方米）	宅基地数量：1. 仅 1 处；2. 多处（注明几处）	宅基地来源：1. 法定审批；2. 祖辈遗留；3. 置换得来；4. 其他（请注明）	建房时间	建房时总费用（元）	房屋建筑层次：1. 平房；2. 二层楼；3. 多层楼	房屋建筑面积：（平方米）	房屋建筑结构：1. 土木结构；2. 砖木结构；3. 砖瓦结构；4. 钢筋混凝土结构	已使用年限	闲置房屋面积	闲置原因

注：房屋闲置原因主要有：1. 房屋面积大，用不了；2. 家庭主要劳动力外出打工，很少回家居住；3. 其他。

1. 你认为自己房屋的宅基地属于__________。A. 自己所有；B. 集体所有；C. 国家所有。

2. 您认为自己的房屋可以自由买卖吗？__________。A. 可以；B. 不可以；C. 买卖需要集体同意。

3. 你是怎样获得建房宅基地的？中间经历了哪些程序？获得建房的宅基地花了哪些费用？

五、宅基地流转情况

1. 您是否在其他地方购买了房产？花费大约是多少？您原来在村中的旧房产怎么处置？

2. 您是否在本村进行过房屋买卖？在买卖过程中遇到过哪些问题？

3. 您家中多余的房子是否进行过房屋租赁？每年的租赁收入大约是多少？在租赁过程中遇到过哪些问题？

4. 您对目前农村宅基地制度有什么看法或见解？

5. 您对目前的村庄规划有什么看法？

农村宅基地问题调查（村干部访谈问卷）

______省______市______县乡（镇）______村，被访者姓名：______职务：______

1. 请简要介绍一下贵村的基本情况（地理位置、人地条件、村民收入、产业结构和社会经济状况等）。

2. 目前，贵村宅基地利用的基本情况如何（全村宅基地总面积、人均面积、一户多宅情况、宅基地闲置情况）？

3. 谈谈造成贵村出现“一户多宅”、“宅基地超标”等土地浪费现象的主要原因。

4. 贵村宅基地的审批程序是怎样的？需要花哪些费用？

5. 贵村是否出现房屋买卖、租赁的情况？村集体是否对村民的宅基地流转进行管理？是如何管理的？

6. 请谈谈贵村围绕宅基地问题发生的主要纠纷，主要的解决办法和经验。

7. 贵村是否发生过土地置换？是如何进行的？

8. 请谈谈贵村的村庄规划的现状（绿化、垃圾处理、道路布局、住房结构等方面），以及今后村庄规划的设想。

9. 农村宅基地应该怎样管理才能防止农村的土地浪费，达到集约利用土地的目的？请谈一下您的看法。

农村土地流转情况调查表

1.被调查者所在地：______省（市）________县（区）_______镇（乡）______村_____组。

2.被调查者所在村距场镇的距离：______ 公里；距县城的距离：________公里。

3.被调查者所在村距附近主要公路或铁路距离（包括公路等级）：____公里，等级____。

4.被调查者所在村、镇的自然、社会、经济情况（地形地貌、平均坡度、灾害发生类型和频率、耕地有无水源保证；农民的总收入、主要经济来源，耕作方式，主要看是否有大型企业、主要农产品等）：

5.本地主要农作物的种类有：

6.本地土地利用主要类型有：（耕地、园地、林地、草地、其他）

注：⑴以上由调查者根据当地实际情况填写，调查后和调查前填写均可；

⑵公路等级：A.高速公路；B.国道；C.省道；D.县道；E.乡道；F.农村便道。

1

重庆工商大学农村土地流转调查　指导老师：[illegible] 023-40900855，13101345736

被调查人：________ 性别：男，女；年龄__________；文化程度____________。

有无技术或手艺（有何专长）：_______________________。

1.您的家庭人口数：______________ 人。家庭劳动力人数（16～60岁）_________ 人 。

2.您家中外出务工人口数：__________ 人（外出务工时间连续半年以上）。

3.您家中在校学生人口数：__________ 人（包括小、中、大学）。

4.您家中60岁以上的人口数：_________ 人。

5.您的家庭人均年经济收入：__________。

A．1000元以下　B．1000~2000元　C．2000~4000元

D．4000~8000元　E．8000~20000元　F．20000元以上

6.家庭人均农作物年经济收入：_________元 。

A．1000元以下；B．1000~2000；C．2000~3000；D．3000~5000元；E．5000元以上

7.家庭做临时工年收入 ________元（间断务工），年非农收入（务工、经商等）______元

8.下面就您家土地情况进行了解

	耕地	园地	林地	牧草地	其他	合计
总面积（亩）						
地块数（块）						
最大地块（亩）						—
最小地块（亩）						—
地块间最远距离（米）						—
最远地块离住地距离（米）						—
离住地最远地块面积（亩）						—

9.您家是否有把土地转让或转租给其他人的情况？ A．有；B．没有。

10.如果有转让，有没有签订协议或合同？_______，如果没有正式签订，是否有口头协议 ______，如果签订了合同，合同有没有进行公证______ ；转让的总面积 ______亩，每年的转让或转租收取的费用是 _______元，占自家土地的比例_________%。是否存在拖欠费用情况？_________，土地流向（个人，大户、园区、企业、其他）

11.您家土地流转（租、让、入股等）是通过何种形式实现的：

A.您去联系；B.承租人联系你；C.别人介绍；D.集体组织；E.流转市场；F.其他

12.土地转让给别人后，您的生活保障来源是：_______。

A．继续从事农业生产；B．外出务工；C．自主创业（做手艺或做生意等）；D．投奔子女或其他亲属；E．其他；

2

重庆工商大学农村土地流转调查　指导老师：骆东奇 023-40900855，13101345736

13.如果您不想耕种土地，希望采取什么方式进行转让：__________。

A．弃荒 ；B．免费给亲戚种；C．租给其他人种；D．租给企业搞规模化生产；

E．以入股的方式转让；F．其他

14.如果您希望转让给别人，土地转给别人耕种的时间是：__________。

A．临时的1~2年；B．5年；C．10年；D．20年；E．永久

15.如果您希望转让给别人，土地转给别人每亩地每年收取的费用是：__________。

A．200元以下；B．200～400元；C．400～600元；D．600～800元；E．800元以上

16. 您认为土地转让、转租等进行合理管理有无必要？__________

A．有必要；B．没有必要；C．无所谓

17.如果有必要，您认为采取哪种方式较好？__________

A．私下商量；B．小组集体协调；C．村及乡镇参与；D．成立流转中心；E．其他

18.本地征用土地获得补偿费用每人（每亩）是：__________元。

19.近5年，本村土地被征占面积为：__________亩。

20.近5年，本村通过土地整理和开发等新增土地面积为：__________亩。

21.近5年，本村通过退耕还林、还草、还湖等减少土地面积为：__________亩。

22.您家宅基地面积 __________平方米，近5年（是、否）改扩建过，面积改变______平方米；你是否曾经买卖过宅基地（是，否），如买卖过，买卖面积__________平方米，交易额__________元，买卖的原因______________________________，所在村庄（院子）总共有 ______人，______户。

23.你是否在其他地方有住房？

24.您是否有意愿搬迁到交通和生活更方便、更集中的地方？（愿意；不愿意）为什么？

25.搬迁后您是否愿意将原宅基地整理成耕地？（愿意；不愿意）原因及建议。

26. 您认为宅基地自由交易是否可行？

27. 如有与土地流转相关、被调查者提出的建议请记录在后面。

2020

农村土地流转情况调查表

1.被调查者所在地：重庆市省（市）巫山县（区）两坪镇（乡）华家村四组

2.被调查者所在村距场镇的距离：三公里；距县城的距离：十五公里

3.被调查者所在村距附近主要公路或铁路距离（包括公路等级）：三公里，等级C

4.被调查者所在村、镇的自然、社会、经济情况（地形地貌、平均坡度、灾害发生类型和频率、耕地有无水源保证；农民的总收入、主要经济来源，耕作方式，主要看是否有大型企业、主要农产品等）：

该村属于山地；平均坡度25°-30°；灾害发生类型均为旱灾，几乎每年都发生；耕地无水源保证；农民的总收入低，人均不足1000元/年，主要经济来源：种粮食养猪卖（非常原始的养殖方法），耕作方式十分的落后，绝大部分靠人力挖、种、收，也有牛耕种植（但很少），无机械种植；没有任何大型企业。主要农产品：小麦，玉米，土豆，红薯，豌豆，蚕豆，水稻，芝麻

5.本地主要农作物的种类有：玉米、土豆，红薯，小麦、豌豆、芝麻

6.本地土地利用主要类型有：（耕地、园地、林地、草地、其他）

耕地、草地.

注：(1)以上由调查者根据当地实际情况填写，调查后和调查前填写均可；

(2)公路等级：A.高速公路；B.国道；C.省道；D.县道；E.乡道；F.农村便道。

1

（重庆）商大学农村土地流转调查 指导老师：[illegible] 023-[illegible]00855，1310[illegible]45736

被调查人：邹勇群 性别：男 女：年龄 40 ；文化程度 初中 。

有无技术或手艺（有何专长）：木匠 。

1.您的家庭人口数： 4 人。（16-60岁人口 2人）

2.您家中外出务工人口数： 2 人。（外出务工时间连续半年以上）

3.您家中在校学生人口数： 2 人。（包括小、中、大学）

4.您家中60岁以上的人口数： 0 人。

5.您的家庭人均年经济收入：

A．1000元以下　B．1000-2000元　C．2000-4000元

D．4000-8000元　E．8000-20000元　F．20000元以上

6.家庭人均农作物年经济收入：　　农作物总产量 0 斤

A．1000元以下；B．1000~2000；C．2000~3000；D．3000~5000元；E．5000元以上

7.家庭做临时工年收入 没有 。（间断性的外出务工）12000元

全年非农业收入＝

8.下面就您家土地情况进行了解

	耕地	园地	林地	牧草地	其他	合计
总面积（亩）	5	0.5	0	10	1	5.5
地块数（块）	10	1	0	2	1	13
最大地块（亩）	1.5	0.5		5		—
最小地块（亩）	0.03	0.5		5		—
地块间最远距离（米）	500	0		200		—
最远地块离住地距离（米）	500	200		300		—
离住地最远地块面积（亩）	0.27	200		5		—

9.您家是否有把土地转让或转租给其他人的情况？A．有；B．没有。

10.如果有转让，有没有签订协议或合同？没有，如果没有正式签订，是否有口头协议________，如果签订了合同，合同有没有进行公证_____；转让的总面积______亩，每年的转让或转租收取的费用是______元，占自家土地的比例______%。是否存在拖欠费用情况？______。

11.您家土地流转（租、让、入股等）是通过何种形式实现的：_____。

A.您去联系；B.承租人联系你；C.别人介绍；D.集体组织；E．流转市场；F.其他

12.土地转让给别人后，您的生活保障来源是：

A．继续从事农业生产；B．外出务工；C．自主创业（做手艺或做生意等）；D．投奔子女或其他亲属；E．其他；

2

重庆工商大学农村土地流转调查 指导老师：骆东奇 023-40900855，13101345736

13.如果您不想耕种土地，希望采取什么方式进行转让：________。

A. 弃荒；B. 免费给亲戚种；C. 租给其他人种；D. 租给企业搞规模化生产；

E. 以入股的方式转让；F. 其他；

14.如果您希望转让给别人，土地转给别人耕种的时间是：________。

A. 临时的1~2年；B. 5年；C. 10年；D. 20年；E. 永久；

15.如果您希望转让给别人，土地转给别人每亩地每年收取的费用是：免费。

A. 200元以下；B. 200～400元；C. 400～600元；D. 600～800元；E. 800元以上

16. 您认为土地转让、转租等进行合理管理有无必要？________

A. 有必要；B. 没有必要；C. 无所谓；

17.如果有必要，您你认为是采取哪种方式较好？________

A. 私下商量；B. 小组集体协调；C. 村及乡镇参与；D. 成立流转中心；E. 其他

18.本地征用土地获得补偿费用每人（每亩）是：

19.近5年，本村土地被征占面积为：________亩。

20.近5年，本村通过土地整理和开发等新增土地面积为：________亩，

21.近5年，本村通过退耕还林、还草、还湖等减少土地面积为：________亩。

22.您家宅基地面积 250 平方米，近5年（是、否）改扩建过，面积改 0 平方米；你是否曾经买卖过宅基地（是，否），如买卖过，买卖面积 / 平方米，交易额 / 元，买卖的原因 /

________，所在村庄（院子）总共有 20 人，4 户。

23.你是否在其他地方有住房？没有.

24.您是否有意愿搬迁到交通和生活更方便、更集中的地方？（愿意/不愿意）为什么？

交易方便.

25.搬迁后您是否愿意将原宅基地整理成耕地？（愿意，不愿意）原因及建议。

忘，将原宅基地交给他人。

26. 您认为宅基地自由交易是否可行？

不行.

27. 如有与土地流转相关、被调查者提出的建议请记录在后面。

3

重庆工商大学农村土地流转调查 指导老师：蒋东奇 023-40900855，13101345736